Don et Martha Rosenthal

Partager et vivre l'intimité

Le secret des couples heureux

Traduit par Simone Mouton di Giovanni

jouvence
EDITIONS

EXTRAITS DU CATALOGUE JOUVENCE

Manuel de sexualité tantrique, par S. Saraswati & B. Avinasha, 2003
La guérison par l'écriture, par Jean-Yves Revault, 2003
La balance émotionnelle, par Mireille Rosselet-Capt, 2003
Oser vous affirmer, par Marie-France Muller, 2003
Cultiver le bonheur au fil des ans, par Francis Léonard, 2003
Déverrouiller ses blocages, par Marie-France Muller, 2002
L'écoute, par David Feldman & Jean-Paul Pes, 2002
La colère, cette émotion mal-aimée, par C. & S. Vidal-Graf, 2002
Je mourrai avec mes blessures, par Jacques Salomé, 2002
L'amour n'est pas un jeu d'enfant, par Krishnananda, 2002
Mais tu ne m'avais jamais dit ça, par Carolle & Serge Vidal-Graf, 1999
Les quatre accords toltèques, par Don Miguel Ruiz, 1999
La maîtrise de l'amour, par Don Miguel Ruiz, 1999
Les mots sont des fenêtres, par Marshall B. Rosenberg, 1999
Aucune rencontre n'arrive par hasard, par Kay Pollak, 1998
Vivre sa spiritualité au quotidien, par Pierre Pradervand, 1998
Vivre son deuil et croître, par Rosette Poletti & Barbara Dobbs, 1993
Sexualité épanouie, par Dr Raymond Abrezol, 1992
Apprivoiser la tendresse, par Jacques Salomé, 1988

Catalogue gratuit sur simple demande

ÉDITIONS JOUVENCE
France : BP 7 – 74161 St-Julien en Genevois Cedex
Suisse : CP 184 – 1233 Genève-Bernex
Site internet : **www.editions-jouvence.com**
e-mail : info@editions-jouvence.com

First edition by The Collins Press, Ireland

ISBN 2-88353-309-1

Mise en page : Nelly Irniger – Couverture : Dynamic 19

Sommaire

Préface de Simon Pearce

Don et Martha Rosenthal semblent consacrer la majeure partie de leur temps à explorer les liens intimes qu'ils entretiennent l'un avec l'autre et avec tous ceux qui souhaitent sortir des sentiers battus de la vie conjugale.

Kim-Mai et moi les avons rencontrés pour la première fois dans leur accueillante maison isolée du Vermont alors sous un mètre de neige. Don et Martha y organisent pour les couples des stages qu'ils appellent *La Noble Aventure*. Quelque temps auparavant, mon frère Simon et sa femme Pia avaient participé à un de ces week-ends qu'ils nous décrivirent comme la plus riche expérience de leur vie. Dans une atmosphère chaleureuse et rassurante, les couples y explorent les moyens d'atteindre une communion plus profonde.

Une de mes préoccupations essentielles consiste à découvrir le sens de notre vie et je l'ai cherché dans les endroits les plus inattendus. Quand je me livre à un examen de conscience sincère, mon esprit et tout mon corps sont envahis par une excitation presque paralysante. J'imagine que les pilotes de Formule 1 ou les audacieux qui sautent à l'élastique doivent éprouver quelque chose de similaire. De sorte qu'en allant chez Don et Martha pour la première fois, j'espérais que notre voiture tomberait en panne et que, peut-être, nous ne parviendrions jamais à trouver leur maison…

Mais à la fin du week-end, je débordais de reconnaissance envers Simon et Pia qui nous avaient encouragés à rencontrer Don et Martha. Il est bien difficile de raconter un rare moment de révélation ; pourtant, tout dans ce week-end avait été très simple, mais ses effets et ses conséquences quotidiennes sont incalculables.

Dans le souvenir que j'en garde, le travail que nous avons effectué et la qualité humaine que nous avons rencontrée n'ont en eux-mêmes rien d'extraordinaire; mais pour nous, les sentiments, les découvertes le furent. J'y ai profondément ressenti que je devais suivre le nouveau chemin qui s'ouvrait devant nous, comme si quelque chose que je savais déjà de la façon la plus intuitive venait de m'être rappelé; comme si, loin de m'aventurer en terrain inconnu, j'arrivais enfin à bon port.

Au cours des cinq dernières années, Kim-Mai et moi avons passé beaucoup de temps avec Don et Martha en une dizaine de rencontres qui sont parmi les moments les plus gratifiants de notre vie. Don ne se présente pas comme un guru. Il ne prétend pas détenir les réponses à toutes les questions que suscite la condition humaine, mais il consacre certes beaucoup d'énergie à y réfléchir et à pratiquer ce qu'il a appris.

Interprète de musique classique, il a parcouru le monde avec divers orchestres avant de consacrer plus de trente ans à explorer la nature humaine, la conscience, la complexité des rapports intimes, la présence dans la réalité de l'instant, toutes questions qui préoccupent les mystiques depuis l'aube des temps – à supposer que le temps existe. Son principal souci est que nous utilisions notre quête comme une occasion de communiquer et d'approfondir nos liens intimes. La grande affaire de notre vie consiste à établir des relations authentiques - avec le chauffeur de taxi, avec le banquier et particulièrement, avec notre partenaire sexuel. Don pourrait affirmer, et je partagerais cet avis, que nous passons la majeure partie de notre vie à tenter de contrôler les événements, ce qui est à l'opposé de l'abandon confiant et de l'intimité.

Avec Don, j'ai parcouru des glaciers en Islande, partagé son bain chaud avec mon frère, jeûné huit jours avec ma femme. Nous avons pleuré, nous avons ri, et nous avons été terrifiés en découvrant nos moi profonds.

Ce livre est un manuel pratique issu de l'expérience d'un homme aimant et sage, écrit pour la partager avec tous ceux qui prennent le temps de s'interroger sur le sens de leur vie.

Je ne saurais trop vous recommander un week-end de *Noble Aventure* avec Don et Martha pour tomber amoureux de vous-même et de votre partenaire. N'attendez pas que votre relation sombre dans la routine – même si leur atelier peut aussi y porter remède. Faites-vous plaisir. Célébrez la vie dans le climat chaleureux des stages de Don et Martha. Quand vous en aurez fait l'expérience, ce livre ne fera que l'approfondir. Il est devenu mon livre de chevet. Quand mon esprit bat la campagne, je l'ouvre au hasard. Il en va de lui comme de toute vérité : peu importe où vous commencez. C'est un guide vers les précieuses ressources que nous possédons tous mais que nous exploitons rarement.

Don et Martha ne sont pas là pour répondre à vos questions, mais présents comme des pierres de touche masculine et féminine, chacun partageant ces deux qualités. Ils sont là pour nous aider à trouver notre voie et notre vérité et sont particulièrement dévoués à cette généreuse mission.

Bien que l'intimité et l'interaction constituent le thème du livre, pratiquement un tiers en est consacré à la découverte de soi, à apprendre à s'aimer et à vivre avec soi-même. "Il est bien difficile d'établir un lien intime et de communiquer avec autrui sans s'aimer, sans se connaître et se comprendre soi-même, aime à répéter Don. En ce qui me concerne, j'ai constaté qu'en acquérant une image de moi-même plus exacte, je suis devenu plus apte à la fois à approfondir mes liens affectifs, à gérer mes affaires et à comprendre les êtres avec qui je travaille." L'intimité ne concerne donc pas que les époux et les amants.

Pour ma part, je me prenais pour un homme moderne, ouvert à la libération des femmes. Puis j'ai découvert qu'en moi, de vieilles lunes phallocratiques bien enracinées me faisaient redouter la féminité. Je suis très reconnaissant à Don et Martha : c'est grâce à leur soutien que j'ai appris à accepter et aimer cette partie de moi-même. Sans doute existera-t-il toujours une "guerre des sexes". Je sais que Don et Martha aimeraient voir une paix durable. Je crois comme eux qu'elle est possible, mais je suis douloureusement conscient de mes propres tendances.

Plongez-vous dans ce volume et laissez votre intelligence explorer ce coffre aux trésors. Si vous parcourez ce livre en diagonale pour décider s'il présente ou non un intérêt dans votre cas personnel, demandez-vous seulement quelle est l'importance que vous attachez réellement à vos rapports avec autrui. Si votre réponse est qu'elle est primordiale, n'envisagez même **ne pas** renoncer à ce livre.

Je connais Don et Martha depuis environ cinq ans et je peux dire sans hésitation qu'ils sont à l'origine d'un changement radical – et positif - de ma vie. Si je ne les avais pas rencontrés, ma femme et moi serions sans doute séparés. Or non seulement nous vivons toujours ensemble, mais j'ai l'impression que notre relation ne fait que commencer. J'ai découvert la signification du mot *intimité,* la sensation profonde d'*aimer* réellement quelqu'un, de choisir l'amour plutôt que la peur.

Je ne suis pas en train de prétendre que tout est merveilleux et que nous ne traversons plus jamais de moments difficiles. Bien sûr que si. Nous sommes humains, nous n'avons pas fini d'apprendre ; mais ces moments pénibles sont plus rares et nous sommes mieux armés pour y faire face grâce au travail décrit dans ce livre.

Merci, Don et Martha, pour votre merveilleux cadeau et pour votre engagement envers tous ceux d'entre nous qui veulent accéder à une vie de réel partage.

Simon Pearce, 1999

Introduction

C'EST EN ALASKA QUE MARTHA ET MOI avons commencé notre relation, dans une petite cabane spartiate du Katchemak, en plein cœur d'une nature sauvage. Aucune route n'y menait. Environ treize kilomètres nous séparaient de la plus proche bourgade que nous ne pouvions atteindre, une fois par mois, qu'en canoë.

Notre vie était simple. Nous ramassions du bois, nous marchions et pratiquions le yoga. Nous nous asseyions dans le calme, près de la fenêtre pour y voir paraître ou s'éteindre le jour. Dans la dense obscurité de l'hiver hyperboréen, nous avions de longues, profondes conversations à la lueur d'une lampe à kérosène. La paix naquit de l'accord avec des rythmes immémoriaux tandis que nous tendions vers la simplicité et l'équilibre après des années de vie stressante.

En l'absence de pression extérieure, nous avons découvert que nous nous entendions bien. Les disputes et les échanges hargneux nous étaient étrangers et nous avons cru avoir atteint une entente sans égale. En fait, avec notre mode de vie en marge, nous avions fabriqué de notre relation une image positive illusoire.

Après cinq années de cette vie-là, nous avons compris que le moment était venu d'un changement radical. Nous nous étions installés dans la routine et notre vie paisible commençait à ressembler davantage à la stagnation qu'à la sérénité. Il était temps d'essayer autre chose. Nous nous sommes retrouvés dans un petit village côtier du nord de la Californie où graduellement, nous avons adopté un style de vie plus traditionnel (tout est relatif – nous étions tout de même en Californie!).

Et tout à coup, le précieux unisson que nous avions si paisiblement élaboré tomba en miettes. Avec l'irruption soudaine de nouvelles relations, idées, expériences, pressions, nous avons commencé non seulement à remarquer les failles de nos personnalités, mais à être de plus en plus perturbés par ce que nous découvrions. Petit à petit, chacun se renferma, émotionnellement et sexuellement. En deux ans, nous avions touché le fond. Le plus simple échange se transformait souvent en dispute absurde et pénible. La compréhension et la tendresse avaient disparu. Aucun de nous ne se sentait émotionnellement sûr dans sa relation à l'autre, la confiance mutuelle s'était évaporée. Rien n'allait plus. Qu'était devenu notre amour? Comment en étions-nous arrivés là?

Aujourd'hui, vingt ans plus tard, j'observe les couples amis ou étrangers qui rééditent notre mésaventure. Le réel épanouissement d'une relation intime est difficile à atteindre. Même les êtres intelligents, droits, pleins de bonne volonté découvrent que leur éducation et leurs expériences ne leur ont pas appris à entretenir une communication enrichissante. Les plus sensibles à la spiritualité n'échappent pas aux problèmes parfois quasi insurmontables de l'intimité. Quelles que soient leurs convictions, des plus traditionnelles aux plus "branchées", les couples éprouvent les mêmes difficultés à ressentir et extérioriser les émotions et l'amour qu'ils partageaient à l'origine. D'autres, seuls, fuyant une relation devenue un champ de bataille, se demandent sérieusement s'il est même possible d'entretenir une vraie relation.

Martha et moi avons survécu à notre crise et trouvé une communion d'une profondeur que nous n'avions jamais imaginée. Nous avons connu de nombreux moments de joie et de découverte et commis beaucoup de douloureuses erreurs. Confrontés à nos difficultés, nous avons tiré profit des bénéfices de notre pratique de la méditation accumulés dans l'isolement de notre cabane ainsi que des enseignements spirituels tant orientaux qu'occidentaux, de la psychologie occidentale et de beaucoup de tâtonnements dans l'obscurité. Nous traversons encore des moments difficiles, mais nous sommes profondément reconnaissants pour l'amour que nous vivons et avec vous, nous aimerions partager dans les pages qui suivent ce qui l'a rendu possible.

Première partie

TRAVAILLER ENSEMBLE

1 Ce qui déraille

Qu'est-ce qui entretient la relation ?

QUELLE EST LA FORCE QUI ENTRETIENT la cohésion des couples ? Naguère encore, c'était la dépendance mutuelle, la nécessité économique et la pression sociale et/ou religieuse. La plupart restaient soudés sans jamais franchir les redoutables obstacles des rôles traditionnels homme-femme pour établir un rapport intime. En fait, très peu avaient une conception claire de ce qu'est réellement l'intimité.

Les années 1960 ont modifié beaucoup de choses. Les mouvements de libération des femmes et de la sexualité et l'abandon répandu des valeurs religieuses traditionnelles ont sapé la notion du couple uni pour le meilleur et pour le pire. Dans notre société, nous cherchons désespérément une nouvelle raison de vivre ensemble et beaucoup espèrent la trouver dans la satisfaction émotionnelle de la première phase de la relation amoureuse.

La plupart d'entre nous se sentent incomplets et il est tentant de voir l'intimité comme un moyen de combler un gigantesque vide. Nous en attendons une attention positive ininterrompue et une passion affective et sexuelle constamment exaltante. La présence même de ces caractéristiques dans les débuts romantiques d'une relation amoureuse nous autorise à nourrir cet espoir si évidemment illusoire. Ainsi encouragés, nous en construisons une image mentale dont les qualités passionnelles permanentes et positives nous empêchent de ressentir notre solitude. Le couple se maintient aujourd'hui par l'espoir d'une perpétuelle gratification réciproque.

Ce désir irréaliste conduit inévitablement à la désillusion. Tout individu qui aborde une relation intime en ayant pour but la satisfaction mutuelle se dirige vers une vallée de larmes : personne ne peut nous satisfaire indéfiniment. Après être tombés dans le piège fréquent consistant à attendre de l'autre qu'il nous rende éternellement heureux, nous découvrons rapidement la futilité de cet arrangement. Chaque partenaire éprouve alors du ressentiment envers l'autre qui ne remplit pas une tâche irréalisable. Une nouvelle phase de la relation commence dans laquelle chacun ressent une négativité croissante qu'il n'est pas préparé à gérer.

Les stratégies impraticables

Vivre avec une autre personne nous confronte à nos plus profondes turbulences intérieures, celles qui remontent à notre enfance. Ce sont des habitudes mentales qui créent l'illusion, verrouillent le cœur et interfèrent avec le sentiment et l'expression de l'amour.

Rien ne révèle ces modes de fonctionnement intérieurs aussi puissamment que l'intimité. Ils engendrent en général la douleur, la colère et d'autres sentiments pénibles qui accompagnent invariablement l'intimité. Les sentiments sont inévitables ; c'est notre manière d'y réagir qui détermine s'ils éroderont ou non les fondations d'amour et de confiance, ou s'ils deviendront le matériau brut d'une compréhension et d'une compassion plus profondes.

La plupart d'entre nous n'ont pas acquis les talents particuliers indispensables pour faire face de manière adéquate à la force des sentiments négatifs que réveille l'intimité. Et quand le conflit éclate, nos réactions sont surtout dictées par nos habitudes et notre conditionnement.

Au cours de nos premières années, nous développons certaines stratégies de survie qui nous aident à répondre aux difficultés de la vie familiale. Ces méthodes sont puissamment incrustées en nous où elles sommeillent dans les profondeurs de notre conscience. À moins d'être mises en lumière par la compréhension, elles peuvent contrôler notre comportement toute notre vie.

Bien qu'il existe une grande variété de stratégies, elles peuvent être ramenées à trois formes principales. Vous y reconnaîtrez peut-être celle(s) que vous pratiquez.

La gentillesse

Prenez-vous un air "gentil" et essayez-vous de trouver l'amour en transcendant ou en niant les sentiments négatifs ? Ceux qui recourent à cette méthode fuient les conflits pour avoir la paix à tout prix. Ils sont prêts à sacrifier leur intégrité pour éviter de provoquer des perturbations.

Ceux qui optent pour la "gentillesse" doivent identifier leurs façons de dénier leur vérité. Leur travail consiste à accepter les sentiments inconfortables comme une partie normale de la vie. Cela peut exiger le courage, par exemple, d'exprimer sa colère et la sagesse de le faire au bon moment et à cœur ouvert.

Le repli

Vous repliez-vous derrière une barrière émotionnelle et tentez-vous de trouver la paix en excluant la douleur de votre conscience ? Les hommes, en particulier, admirent et imitent le héros stoïque des westerns, exemple classique de celui qui ignore ses sentiments parce qu'il semble plus sûr de ne rien éprouver. Il en résulte une anesthésie émotionnelle et une perte de vitalité.

Ceux qui répriment leurs sentiments doivent apprendre à redynamiser leur énergie, peut-être par une expression contrôlée de leur colère ou de leur souffrance. Ils ont, eux aussi, besoin de courage pour faire face à leurs sentiments et apprendre qu'ils peuvent les exprimer sans se mettre en danger.

L'agressivité

Éprouvez-vous une sensation de pouvoir, de domination en vous montrant agressif? Avec cette méthode, le sujet a tendance à attaquer son partenaire, à lui trouver constamment des fautes, à chercher la dispute et à le blâmer systématiquement pour tout ce qui ne va pas. Ce tumulte émotionnel engendre la lassitude et la culpabilité d'être si difficile à vivre. Quant à l'autre partenaire, il a tendance à se replier pour se protéger, d'où disparition de la confiance mutuelle.

Ceux qui explosent en colères et en récriminations doivent trouver à leur intensité émotionnelle des exutoires moins nuisibles. Ils ont aussi intérêt à s'interroger sincèrement pourquoi ils font porter aux autres la responsabilité de leur propre mal-être.

La gentillesse, le repli et le comportement agressif n'apportent aucune satisfaction parce qu'ils interdisent la confrontation avec les sentiments pénibles. Prétendre que tout va bien, se cacher derrière un mur ou attaquer sont des méthodes de communication douloureuses et inefficaces qui ne résolvent aucun problème et échouent inévitablement. Nous sommes donc face à un réel défi : nos stratégies sont si profondément inscrites en nous qu'elles ont tendance à persister toute notre vie, à moins que nous fassions l'effort de les déraciner. Seuls ceux qui sont capables de les dépasser pourront faire l'expérience d'une communion intime qui s'épanouit avec le temps. Une large partie de ce livre vise, directement ou indirectement, à exposer au grand jour ces moyens habituels et inadéquats de réagir aux conflits et à la souffrance.

La spirale descendante : comment les relations se détériorent

Au fil des années, Martha et moi avons travaillé avec des centaines de couples. Comme nous, ils avaient d'abord perçu le but de leur relation comme une source de gratification mutuelle. Mais arrivait toujours un moment où l'un des partenaires n'apportait plus à l'autre la satisfaction attendue, provoquant son ressentiment puisqu'il ne remplissait plus la fonction qui lui avait été assignée. La rancœur s'exprimait alors sans aménité et une fois amorcée, la spirale descendante suivait inexorablement son cours.

À moins d'être particulièrement lucides, nous réagissons dès que notre partenaire porte sur nous un regard critique : nous nous renfermons, nous nous défendons et à notre tour, nous prenons l'offensive. Un assortiment de pensées et d'émotions négatives font alors surface : blessure, colère, angoisse, jugement, ressentiment, désarroi… – tout sauf l'amour.

Quand nous n'attendons de l'intimité que du bien-être, les difficultés apparaissent comme des obstacles indésirables et exaspérants à écarter ou surmonter ; quand nous considérons que le rôle de notre partenaire consiste à assurer notre confort ou notre intégrité, nous lui en voulons dès l'instant où il ne remplit pas cette fonction. Ce qui ne l'aide pas à se sentir à l'aise ou totalement lui-même et le sentiment devient rapidement réciproque.

Les sentiments négatifs accroissent alors un ressentiment qui se nourrit de lui-même. Au fur et à mesure que se manifestent les travers, chacun en veut à l'autre de ne pas être la personne parfaite, radieuse, aimante qu'il avait cru rencontrer.

Les traits, d'abord admirés, semblent maintenant moins séduisants. La franchise appréciée au début de la relation apparaît peu à peu comme un manque de tact et une indifférence méprisante aux sentiments de l'autre. La spontanéité perçue d'abord comme juvénile est maintenant jugée comme une complaisance immature et infantile. Le partenaire solide comme un roc sur lequel on pouvait compter est désormais considéré comme dépourvu de vitalité, de passion et de fantaisie.

Cette transformation de la perception épuise l'affection. Les petits gestes attendrissants qui accompagnent naturellement la lune de miel se raréfient. Le ton de la voix se teinte d'agressivité. La sexualité d'abord excitante devient plus machinale. Tandis que la spirale s'enfonce irrésistiblement, les disputes et le repli deviennent plus fréquents et la bienveillance s'émousse progressivement. Chacun, se sentant incompris, trouve de plus en plus difficile de voir dans son partenaire ce qui l'avait d'abord attiré.

Chaque geste indifférent de l'un des partenaires génère une réaction négative de l'autre. La crainte de perdre ce qui avait été si précieux augmente la peur mutuelle. La culpabilité apparaît. Chacun se voyant devenir plus difficile à vivre s'aime de moins en moins, et moins encore en présence de l'autre. Le développement de la culpabilité accroît le malaise à l'intérieur du couple et peut conduire à une plus grande hostilité ou à l'évitement, à la fuite. La spirale descendante progresse à grande vitesse.

Notre éducation ne nous ayant pratiquement rien appris sur ce fréquent et pénible phénomène, nous ne sommes absolument pas préparés à y réagir quand il se produit. Nous nous sentons piégés dans un processus que nous sommes inaptes à contrôler et le rêve commence à s'effondrer.

Abandonnée à sa propre évolution, la spirale ne peut conduire qu'à l'éclatement du couple ou à une vie commune pleine de ressentiment. Les couples qui se maintiennent dans cette amertume finissent dans des querelles et des luttes permanentes ou survivent en se verrouillant le cœur. La "solution" la plus courante à ce problème du ressentiment aboutit à une relation sans joie ni passion, une relation sans vie. Quand le but originel de la relation est la satisfaction mutuelle, peu de couples échappent à ces douloureuses conséquences.

L'erreur psychologique

Pour rompre cet enchaînement destructeur, nous devons apprendre à réagir plus efficacement quand notre partenaire ne nous donne plus satisfaction. Il est futile d'attendre de lui qu'il prenne l'initiative d'un changement qui incombe à chacun. Or, si vous avez déjà essayé, vous savez que transformer un mode de réaction à la négativité n'est pas une tâche facile.

Outre nos méthodes personnelles face aux conflits, notre culture nous propose deux approches, l'une reposant sur la psychologie, l'autre sur la spiritualité. Tout en ayant sa part de légitimité, chacune est insuffisante et exige d'être examinée.

La première, que nous appelons l'*erreur psychologique* a pour origine la conviction que nous devons nous accepter tels que nous sommes afin d'éviter un état permanent de déni et de conflit. Mais nous ne pouvons faire disparaître notre égocentrisme, nos rancunes et autres sentiments dits indésirables et changer par un acte de pure volonté. En fait, aucune manipulation intérieure ou extérieure, si subtile soit-elle, n'apportera en nous de changement fondamental.

Ce qui souligne les limites du principe "y'a qu'à". Quand nous sentons monter la colère et la rancœur vis-à-vis de notre partenaire, nous refusons d'étouffer ces sentiments. Ce qui nous pousse à revivre d'anciennes blessures, à pleurer, à nous mettre en colère et à extérioriser cette colère face à notre partenaire.

Cette approche est viciée par son manque d'idéal. Elle n'appelle pas au dépassement des sentiments négatifs. En fait, les aspirations spirituelles y sont perçues comme une fuite de la réalité. Dans l'erreur psychologique, nous présumons sans réserve que le comportement négatif de notre partenaire est une menace réelle plutôt que ressentie comme telle et que cette menace justifie par conséquent nos sentiments dénués d'amour et notre attitude défensive.

Dans le pire des cas, l'erreur psychologique encourage les sentiments négatifs et une vertueuse condamnation des insuffisances du partenaire. Nous pouvons alors passer des années à affiner notre dispositif accusatoire auprès d'un thérapeute, devenir experts en l'art d'identifier ce qui ne va pas, d'atteindre les sources de notre douleur et de notre colère et de les exprimer. En fait, nous pouvons même fréquemment et régulièrement nous y complaire.

Le problème avec l'approche psychologique est que nous pouvons passer une vie entière à nous repaître de sentiments négatifs sans jamais en voir la fin. Nous sommes tentés de faire peser sur autrui la responsabilité de toutes nos difficultés, de nous délecter du rôle de victime, de nier notre propre contribution d'adulte à notre situation. Elle ne soulève pas la question des attitudes enfouies qui engendrent et entretiennent les sentiments négatifs.

Plus important peut-être, cette complaisance renforce et durcit des notions profondément erronées qui sont à la base de notre souffrance. En en faisant peser la responsabilité sur l'autre plutôt que sur nous-mêmes, nous évitons d'explorer le sens réel de notre détresse. Le triste résultat est une relation où le blâme systématique de l'autre devient un modus vivendi. Ainsi l'erreur psychologique nous maintient dans un sentiment d'impuissance, dans la peur et le ressentiment vis-à-vis des personnes que nous considérons comme responsables de notre souffrance. Quelque chose d'essentiel est absent de cette approche.

L'erreur spirituelle

Ce qui est absent de l'erreur psychologique est présent dans l'*erreur spirituelle.* Elle a son origine dans l'aspiration à dépasser les préoccupations triviales du quotidien, à transcender l'égocentrisme, la colère et la violence.

Nous abritons au fond de nous la certitude d'avoir le droit et la capacité de vivre dans l'amour, la paix et la joie. Pourquoi nous contenter de la grisaille d'un monde de peur et de culpabilité ou des plaisirs superficiels à l'aide desquels nous fuyons notre souffrance ? Notre insatisfaction nous informe que quelque chose de très réel doit être pris en compte : notre besoin de vivre selon un idéal plus élevé. Rien ne nous oblige à passer toute notre vie dans la prison de la peur que nous avons nous-mêmes construite. Un changement fondamental est possible.

Ceux qu'anime ce désir d'échapper à la prison du trivial essaient de toutes leurs forces d'être à la hauteur d'idéaux tels que le pardon, l'attitude positive, l'acceptation de leur partenaire "tel qu'il est". Toutes les traditions spirituelles recommandent d'obéir à cette règle d'or : pardonner, être bon et charitable avec son prochain même s'il ne l'est pas avec nous. Elles proposent un idéal de perfection qui contraste avec notre imperfection présente et nous exhortent à faire un effort – évident ou discret – pour l'atteindre. Alors que notre cœur est verrouillé, que nous sommes rancuniers, coléreux, perturbés, égocentriques, on nous demande d'envisager un état – toujours à venir – dans lequel avec une inépuisable bonne volonté, nous serons indulgents, aimants et sereins. Nous nous efforçons donc d'avoir de bonnes pensées, de belles émotions et de "bien" agir. Si nous réussissons nous sommes vertueux ; nous sommes des pécheurs si nous échouons. Pour effectuer ce changement, un système de punitions ou de récompenses dans ce monde ou dans l'autre est parfois proposé.

La principale difficulté avec cette approche est que nous désirons tellement être "bons", transcender notre nature humaine que nous sommes tentés de nier les aspects les plus obscurs de notre réalité émotionnelle. Nous sommes nombreux à avoir entendu, étant enfants, qu'un garçon (ou une fille) ne doit pas pleurer. Notre tristesse a été niée, mais certainement pas dissipée. Or ce qui n'est pas d'abord accepté ne peut être transformé. On ne peut jamais se débarrasser d'un sentiment en le niant ou en lui résistant, en déclarant qu'il est mauvais et qu'on a tort de l'éprouver. Bien que nous tentions de dissimuler les aspects moins plaisants de notre vie intérieure, ils ne disparaissent pas pour autant, ils persistent et hantent nos profondeurs.

Essayer de se hisser à la hauteur d'idéaux spirituels présente une autre difficulté. Dans la mesure où nous prenons au sérieux notre progrès spirituel, nous éprouvons, souvent inconsciemment, la peur de ne pas mener à bien notre transformation. Chacun de nos échecs entraîne alors un jugement sévère et ce manque de charité vis-à-vis de nous-mêmes nous pousse souvent à fermer notre cœur à ceux qui, comme nous, ne sont pas capables d'atteindre notre idéal élevé de perfection spirituelle.

N'acceptant pas nos imperfections humaines, nous finissons par les juger dès qu'elles se manifestent chez nous ou chez autrui, sans nous rendre compte que le seul fait de porter un jugement est un acte de violence, exemple même de ce que nous condamnons. Pour atteindre notre objectif de paix et d'amour, nous employons un moyen répressif dépourvu d'indulgence. En déniant nos faiblesses humaines dans le but de les transcender, nous provoquons trop souvent cette séparation, cette fermeture du cœur et cet égocentrisme que nous trouvons si déplorables.

Cela explique peut-être pourquoi, après des siècles de nobles enseignements spirituels, nous ne parvenons toujours pas à nous élever à la hauteur de leurs principes, en particulier avec la personne que nous prétendons aimer le plus au monde. Lorsque notre partenaire est en colère, combien d'entre nous sont effectivement capables de répondre à sa négativité avec amour ? Toute personne qui l'a tenté reconnaîtra qu'il est beaucoup plus facile d'admirer de loin la beauté des enseignements spirituels que de les mettre en pratique au quotidien.

Considérer certains sentiments comme inacceptables a pour résultat ultime le déni. Les relations victimes de l'erreur spirituelle sont pleines d'expressions indirectes de négativité réprimée qui handicapent sérieusement la communication sur les sujets importants.

Après avoir atteint le fond, Martha et moi avons tout essayé, tombant tour à tour dans l'une ou l'autre de ces erreurs. Tantôt, nous nous sommes comportés en spécialistes bien-pensants du refoulement des sentiments négatifs ; tantôt nous nous sommes héroïquement efforcés de communiquer dans une perspective plus éclairée, affichant une équanimité qui nous faisait douloureusement défaut. Évidemment, aucune de ces attitudes n'a "marché". Nous étions si incapables de nous donner mutuellement ce que nous croyions vouloir que nous avons bien failli mettre fin à notre relation.

Mais quelque chose nous a poussés à persévérer. Peut-être était-ce notre passion commune pour la découverte d'une voie qui nous permettrait une plus ample expression de tous nos sentiments, y compris des plus négatifs, tout en préservant un espace d'amour à l'intérieur duquel nous nous sentirions en sécurité. Nous voulions rapprocher le ciel et la terre, en quelque sorte, préserver notre dessein au milieu du chaos. Par moments, il nous a semblé suivre un chemin bordé de précipices. Après quelques années de lutte, de victoires et d'échecs, nous avons commencé à voir qu'il existe une autre façon de réagir aux sentiments pénibles, un moyen qui ne les réprime ni ne les encourage mais qui permet de les transformer.

Être ensemble dans un but nouveau

Nous voici revenus à notre quête d'une nouvelle motivation qui maintiendrait l'union des couples en dépit des difficultés. Nous avons besoin d'une approche qui admette la souffrance, la colère, la peur, le désarroi et le conflit et qui permette d'en émerger dans un rapport non pas seulement intact, mais approfondi.

Nous pensons que ce qui peut préserver l'union d'un couple dans l'amour est une conception partagée de la relation comme chemin spirituel. Cette optique conjugue le meilleur des deux approches, psychologique et spirituelle. Une grande partie de ce livre développe sa mise en pratique.

Elle implique un déplacement radical du centre de gravité de la relation. Le but de notre couple n'est plus simplement de satisfaire nos besoins individuels. Notre relation a cessé d'être un contrat de commodité mutuelle.

Pour Martha et moi, le but commun est de découvrir qui nous sommes réellement en apportant à chaque aspect de nos rapports et de notre vie quotidienne compassion, conscience et sincérité. En découvrant ce qui bloque notre amour, nous nous ouvrons à de plus hautes possibilités. Non plus adversaires dans une lutte de pouvoir, nous devenons compagnons d'un voyage exploratoire ; au lieu de nous affronter en cas de conflit, nous sommes devenus des alliés dans une bataille commune contre de vieilles formes de peur, de blâme et d'inconscience.

Nous mettons aussi nos forces en commun pour vaincre ensemble les habitudes qui engendrent la discorde aux niveaux physique, émotionnel, mental ou spirituel. Le plus perspicace à un moment donné peut montrer le chemin : quand l'un de nous manque de lucidité, il s'en remet à celle de son partenaire et vice versa. Les vieilles batailles nous séparaient, les nouvelles resserrent nos liens.

Dans cette quête, nous apprenons que le changement ne s'opère pas par l'effort et la résistance mais par la compréhension. Nous apprenons à l'affiner dans les moments où nous aurions réagi auparavant de façon mécanique ; à ouvrir notre cœur là où nous avions l'habitude de porter un jugement ; à considérer tous les comportements basés sur la colère, la souffrance et la peur – les nôtres ou ceux de notre partenaire – comme un appel à l'aide en vue d'une guérison plutôt que comme une menace ou un reflet de notre insuffisance.

Nous apprenons à communiquer d'une façon radicalement nouvelle qui nous permet d'évacuer notre défensivité dans l'intérêt de notre véritable sécurité. Nous créons un environnement émotionnellement sûr au sein duquel nous facilitons la guérison des blessures. Nous le faisons parce que nous nous sommes engagés dans une démarche spirituelle qui vise quelque chose de meilleur et de plus noble tout en laissant place à nos imperfections. C'est un défi d'importance. Ni nos parents, ni nos écoles, ni même nos religions ne nous y ont préparés de façon adéquate.

Du bon usage des difficultés

La peur se cache dans la conscience humaine. Peut-être chacun de nous en a-t-il hérité une part à transformer pour nous en libérer. Pour accomplir ce travail, certains d'entre nous ont choisi un partenaire qui les aidera à mieux saisir ce qui manque à leur compréhension.

Nous avons peine à accepter qu'entre deux partenaires, une énergie négative puisse être présente sans problème particulier ni responsable à blâmer. Dans une relation devenue chemin spirituel, blâmer notre partenaire quand les choses vont mal ne présente plus aucun intérêt, notre confort personnel ayant cessé d'en être le but essentiel. Au lieu de la satisfaction et du plaisir, notre objectif est de nous aider mutuellement à débusquer et clarifier tout ce qui peut bloquer la pleine expression de notre individualité.

Les difficultés qui surgissent peuvent alors être exploitées dans ce but. Quand nous savons les observer, les sentiments déplaisants nous indiquent les points respectifs qui ont besoin d'être mis en lumière, élucidés, examinés sous un nouvel angle.

Intuitivement, nous sentons qu'à un certain niveau, nous avons voulu ces difficultés pour repérer les obstacles à surmonter. Par conséquent, au fond de nous-mêmes, nous sommes reconnaissants envers notre partenaire pour toute chose plaisante ou déplaisante qui nous aide à découvrir la vérité sur nous-mêmes. Nous connaître nous libère de l'illusion qui nous a maintenus dans la souffrance et le conflit.

La *douleur comme renvoi d'information*

Comment modifier notre attitude envers les sentiments pénibles ? L'utilisation de la douleur comme source d'information est plus facile à comprendre dans le domaine physique. À l'époque où je buvais trop, la gueule de bois m'a beaucoup appris. En réalité, c'est grâce à elle qu'encore très jeune, je n'ai pas totalement sombré dans l'alcoolisme : me réveiller chaque dimanche matin avec un terrible mal de tête rendait bien utile de le considérer comme une information, un signal m'incitant à examiner ce que j'ingurgitais chaque samedi soir. La gueule de bois est un message non verbal, clair et précis émanant directement de mon corps : rien d'autre qu'une invitation à réfléchir.

Les poisons adoptent toutes sortes de formes. Ceux de mon esprit sont les croyances, les attitudes, les fausses valeurs en désaccord avec la façon dont il est censé fonctionner.

Il est un dicton : *"La vérité te libérera, mais auparavant, elle te rendra très malheureux"*. Les poisons psychologiques provoquent des malaises qui sont des messages. De même que la gueule de bois m'avait invité à réfléchir sur le plan physiologique, le malaise mental dans ma relation conjugale m'a invité à l'examen psychologique.

La conviction que je suis en danger quand ma partenaire exprime sa colère pourrait être un poison psychologique typique. Mais qu'en est-il si mon malaise vient non pas de son comportement, mais du fait que je le perçois à travers un prisme déformant ? Que se passerait-il si j'utilisais toute l'énergie que je gaspille en reproches à explorer comment mon esprit souffre de son interprétation de la colère de ma partenaire ?

Il faut du courage pour se remettre en question, pour faire face sans faiblir à ces attitudes et comportements qui compromettent notre intégrité. Il faut de la lucidité pour observer comment nous limitons notre expérience de nous-mêmes, brimons notre créativité, nous dévalorisant à nos propres yeux. Ces attitudes se décomposent quand nous les analysons ensemble et l'ouverture qui naît de ce partage a une vitalité et une authenticité qui renforcent la relation. C'est dans ce processus que réside l'intimité.

La valeur du conflit

Rien n'est inutile à l'approfondissement de l'intimité. Une relation n'est pas censée se déployer harmonieusement sans aucune fausse note : il y aura des dièses, des bémols, des couacs, des épisodes en mineur et des dissonances qui enrichiront la composition musicale de votre couple. Une relation intime n'a rien à craindre du conflit. Il est un moyen d'atteindre de nouvelles profondeurs et de s'ouvrir à un plus grand partage. Il n'est pas à fuir car les efforts pour le résoudre constituent un potentiel de découverte. Le conflit est une étape sur une route où les différences sont pleinement appréciées et acceptées.

Rick et Sally sont arrivés à l'un de nos ateliers avec leur angoisse du conflit. Rick, un paysagiste, organisait aussi des stages de formation professionnelle. Sally avait été enseignante. Elle élevait maintenant sa famille et faisait beaucoup de bénévolat à l'école et dans sa communauté. Tous deux étaient intelligents, semblaient avoir des compétences et du sens pratique. Leur apparence même témoignait d'une amabilité détendue qui mettait les autres à l'aise : Rick en jeans de travail, casquette de baseball et queue de cheval ; Sally en longue jupe et cheveux raides sur les épaules, apparemment les pieds sur terre et la tête sur les épaules. Ils donnaient l'impression d'un couple uni ayant un grand cercle d'amis, une présence active au sein de la communauté et la capacité de faire face aux situations.

Nous n'avons rien appris ce week-end qui entrât en contradiction avec cette première impression mais au fil de l'atelier, d'autres aspects commencèrent à émerger. Leurs échanges révélèrent une profonde insatisfaction de chacun qui, à en juger par leur désir d'en parler, avait rarement été formulée.

Après avoir eu beaucoup de mal à exprimer (une difficulté fréquente, surtout chez les hommes) ce qu'il considérait comme un "problème" dans leur relation, Rick se lança finalement dans la description de quelque chose qu'il annonça précautionneusement comme "insignifiant". Il déclara que lorsqu'il rentrait à la maison contrarié ou découragé par les événements de la journée, Sally donnait en général toutes les apparences de la sympathie. Elle découvrait rapidement ce qui le préoccupait, l'interrogeait sur la question et la prenait à bras le corps. Tandis qu'il se plaignait de ses difficultés, elle proposait toutes sortes de solutions constructives. S'il avait un problème avec un membre de son équipe, elle lui suggérait un moyen d'y remédier. Si, en fin d'après-midi, il avait du mal à cumuler la préparation de ses devis et le transport des enfants à leurs activités sportives, elle proposait d'organiser un convoyage tournant des enfants du quartier ou de remettre au week-end l'établissement des devis.

La réaction de Rick était toute de gratitude sur un certain plan : il appréciait d'avoir une femme qui s'intéresse à ce point à ses problèmes et l'aide à les résoudre, souvent avec d'excellentes suggestions. Mais sur un autre plan, il était profondément frustré et éprouvait beaucoup de ressentiment, sans trop savoir pourquoi. Ce qu'il attendait vraiment de Sally lui vint finalement à l'esprit : "Par moments, je voudrais simplement qu'elle se taise et qu'elle m'écoute !" Nous fûmes tous un peu surpris par la véhémence de son exclamation mais elle s'expliqua tandis qu'il continuait. Plus que tout, Rick voulait qu'avant de commencer à lui proposer des solutions, Sally comprenne à quel point il était contrarié ou en colère.

"Comment veux-tu que je pense à des solutions quand je suis dans cet état ? demanda-t-il. Tu me rends fou avec tes discours qui vont tout arranger !" Parce que Rick n'avait jamais exprimé ce sentiment – en partie parce qu'il avait honte de son ingratitude – il avait accumulé une charge émotive énorme. Quand son ressentiment explosa, ce fut avec une violence et une colère considérables. Sally en fut sidérée. Elle était totalement inconsciente de l'effet de ses propres réactions sur Rick. Qu'elle soit capable de les entendre sans se défendre et de montrer à Rick qu'elle le comprenait sembla calmer sa colère et son visage revêtit une nouvelle expression. "Je n'aurais jamais cru que je pourrais te dire cela et être entendu", dit-il avant de la serrer dans ses bras.

Plus tard, au cours du même week-end, Sally souleva un point étonnamment symétrique par rapport à celui de Rick. On lui avait demandé de présider le comité de direction de la maternelle de leur localité, ce qu'elle avait perçu comme un grand honneur. C'était néanmoins un engagement assez lourd dont elle n'était pas sûre de pouvoir assumer toutes les obligations étant donné ses autres activités. Naturellement, elle soumit son dilemme à Rick qui réagit immédiatement: "Juste ciel, Sally, tu n'y penses pas sérieusement! Nous sommes déjà totalement stressés et joignons tout juste les deux bouts. Tu n'as pas une minute à toi et tu veux accepter un travail supplémentaire qui ne te rapportera pas un sou? Fais-toi plaisir et dis-leur de trouver quelqu'un d'autre."

De toute évidence, Rick voulait manifester son souci du bien-être de sa femme mais il avait laissé Sally totalement insatisfaite. Elle confessa que dans les paroles de Rick, quelque chose l'avait profondément blessée. S'exprimant au sein du groupe, elle se mit à pleurer, prenant conscience d'une profonde tristesse et d'un sentiment de nullité qui lui devint de plus en plus clair.

Plutôt que de reconnaître d'abord le plaisir et la fierté d'avoir été sollicitée pour le comité que Sally avait éprouvés, Rick avait immédiatement formulé sur un ton assez agressif des conseils reposant plus sur la peur que sur la compréhension. Le seul fait qu'on lui ait proposé cette présidence avait été important pour elle: elle s'était sentie valorisée et reconnue par des personnes qu'elle estimait. Elle réalisa qu'en mesure ou non d'assumer cette charge, une part d'elle-même aurait profondément aimé répondre oui à cet appel. En l'ignorant totalement, Rick lui avait en quelque sorte déclaré que ces sentiments n'avaient aucune importance. Sa joie de se sentir appréciée avait été complètement niée par la personne dont l'estime lui était la plus précieuse. "Tu n'as même pas été heureux pour moi? lui demanda-t-elle à travers ses larmes. Tu n'as pas été fier de moi? Tu n'as donc pas compris à quel point j'avais envie de faire cela?"

Rick n'avait absolument pas senti comment ses remarques avaient affecté sa femme mais quand elle eut terminé, il avait bien compris les raisons de ses larmes.

Au cours de rencontres ultérieures, Rick et Sally soulevèrent plusieurs de ces points prétendument mineurs. En les mettant en lumière, chacun avait l'impression de franchir le goulot d'étranglement d'un entonnoir pour déboucher dans des zones de sérieuses turbulences. Le couple prit peu à peu conscience de tout ce qui, entre eux, n'avait jamais été exprimé et de quel prix ils avaient payé ce silence.

Martha et moi avons été frappés par la similitude remarquable de leurs sentiments. Chacun attendait davantage de l'autre, chacun ressentait que son comportement, si positif qu'il semblât, faisait obstacle à l'intimité. Chacun aspirait à un degré de communion qu'il n'osait pas demander et ce manque était, pour chacun d'eux, dissimulé sous le voile de l'harmonie superficielle de leur relation.

En réalité, le besoin d'entretenir la paix à tout prix était devenu une sorte de tyrannie. Là où n'existe aucun espace pour les désaccords créatifs, l'absence de partage des sentiments pénibles installe un manque de confiance ; et sans confiance, l'amour ne peut s'épanouir.

À la fin de l'atelier, Rick et Sally envisageaient une tâche tout autre que celle qu'ils s'étaient fixée au début. Il ne s'agissait plus d'aplanir les quelques faux plis de leur partenariat dans l'ensemble harmonieux : c'était cette surface lisse qui le troublait en profondeur. Leur travail serait de permettre à l'insatisfaction, aux perturbations et aux différends de se manifester ; autrement dit, de créer une plus large composition où le désaccord aurait droit de cité. Chacun devrait donc dire ce qui ne va pas et encourager son partenaire à faire de même, avoir le courage de risquer de ne pas toujours être "gentil". Pour Rick et Sally, découvrir que cela pouvait se faire sans ébranler les fondations de leur couple ou détériorer l'aptitude de chacun à fonctionner efficacement fut une révélation. Ils étaient arrivés avec la sensation que leur couple était une réussite ; ils repartirent énormément soulagés d'avoir découvert que l'intimité transcendait l'harmonie superficielle.

Prise de risque et sécurité

Il vous semblera souvent hasardeux de dévoiler à votre partenaire des aspects déplaisants de vous-même. Toute intimité authentique doit être confrontée à ce risque. L'un des choix consiste à oser s'aventurer en territoire inconnu, peut-être dangereux, à être sincère sur des points douloureux ; l'autre à respecter le rythme naturel de chacun et à tirer des leçons sans forcer prématurément les choses, à créer un climat émotionnel réellement rassurant. Une relation saine doit intégrer et équilibrer ces deux opposés.

Nous nous sentons tous gênés de partager certains sentiments personnels. Tenir à distance ces sujets difficiles confère une importance excessive à la sécurité et crée un environnement tellement prévisible que, faute d'évolution, la relation sombre dans l'ennui comme dans le cas de Rick et Sally. Si l'intimité de votre couple est devenue insipide, peut-être devez-vous accepter de prendre des risques.

Par ailleurs, si vous en prenez trop, vous devrez peut-être faire face à une relation tellement conflictuelle que vous ne serez pas en mesure de la gérer. On peut être tenté de négliger la vulnérabilité de son partenaire, ce qui sape son sentiment de sécurité et subvertit le climat exploratoire qu'on désire créer.

En général, chacun a une tendance plus ou moins prononcée à la prise de risques ou à la prudence. Quand deux partenaires sont très différents, le plus porté à prendre des risques considère parfois l'autre comme trop gentil, trop timoré, pour ne pas dire tout simplement lâche. Celui qui est plus enclin à la prudence considère son partenaire plus aventureux comme trop autoritaire, agressif ou insensible. On tombe facilement dans l'un ou l'autre excès, on porte volontiers un regard défavorable sur son contraire. Mais il est beaucoup plus fructueux d'en comprendre l'aspect positif pour équilibrer une relation.

La prise de risque a ses vertus. Elle est exaltante et enrichissante. Or, nous avons tous tendance à rester dans les limites relativement confortables de notre personnalité, avec notre répertoire habituel de sentiments et de moyens d'expression. Les limites varient d'un sujet à l'autre et se modifient avec le temps, mais dépasser celles qui nous sont familières nous inspire à tous une sensation de danger.

Risquer nous permet d'explorer les bornes de notre colère, de nos larmes, nos craintes, nos trous noirs. Pour oser s'en approcher, certains n'ont besoin que d'une suggestion, d'autres d'encouragements plus subtils et plus calculés. Mais pour tous, la grande valeur de cette démarche réside dans le renouvellement qu'elle apporte à notre vie.

L'absence de risque est particulièrement importante quand on se sent vulnérable. Sûrs de notre partenaire, nous savons que nous ne serons ni attaqués ni jugés, mais honorés et respectés. Pour ceux qui sont par nature moins hardis, ce sentiment de sécurité est un ingrédient indispensable pour qu'ils acceptent de s'aventurer dans l'inconnu. La sécurité équilibre la prise de risque.

À la recherche du trésor

On organise parfois une chasse au trésor dans les réunions d'enfants : quelqu'un s'installe au piano et joue plus fort quand ils approchent du trésor à découvrir, plus doucement quand ils s'en éloignent.

Une relation intime vouée à un but spirituel cache un trésor pour les deux partenaires : l'accomplissement de l'amour dans sa plus parfaite expression. Tandis qu'ils traversent les hauts et les bas de la vie quotidienne, un bon pianiste apporte à la fois l'encouragement et l'information nécessaires pour atteindre le trésor.

Quand les partenaires ouvrent leur cœur l'un à l'autre, se montrent plus aimants et plus indulgents, l'univers déploie une musique plus puissante et ils s'en trouvent revivifiés, plus heureux et plus épanouis. Quand leurs cœurs se referment, quand ils s'attaquent et se blâment mutuellement, l'univers leur indique et ils sentent qu'ils sont sur la mauvaise voie. Leurs pensées s'assombrissent, ils sont tendus, moins énergiques, leur corps perd de sa vitalité et leur santé s'en ressent. Ils se sont perdus en chemin.

Quoi de plus simple ?

Si les deux partenaires écoutent attentivement la musique, celui qui l'entend le plus clairement à tel ou tel moment montre le chemin et le relais passe ainsi de l'un à l'autre.

Quand le comportement de votre partenaire n'est pas dicté par l'amour et que pour la première fois, vous vous voyez réagir avec compassion plutôt que par la colère ou la douleur, vous recevez une des merveilleuses récompenses de ce travail. C'est une belle sensation, profondément gratifiante : la musique est légèrement plus forte. Ce type d'expérience peut insuffler dans une relation morne et statique une mesure de passion, de vie et de créativité.

Écouter attentivement la musique du couple exalte la vie quotidienne. Une nouvelle qualité imprègne les rapports et permet de commencer à se détacher de vieux conditionnements qui ferment le cœur. Toutes les imperfections peuvent alors être employées comme un humus pour enrichir le sol de l'intimité. Les moments les plus difficiles apparaissent désormais comme des bénédictions déguisées. L'alliance devient un moyen béni pour s'aider mutuellement à atteindre un plein accomplissement.

2
L'écoute à cœur ouvert

Pour votre partenaire, qu'est-ce qu'être en sécurité ?

RIEN N'EST PLUS IMPORTANT dans une relation intime que le sentiment d'être en sécurité. Vous êtes-vous jamais demandé ce qui vous rassure dans votre relation ? Si vous commencez à y réfléchir au quotidien, vous découvrirez peut-être de quelles façons votre partenaire contribue à votre sentiment de sécurité :

- Il accepte vos sentiments quels qu'ils soient et ne les perçoit pas comme une menace.
- Il ne vous juge pas, n'estime pas qu'il sait mieux que vous ce que vous devriez faire, penser ou éprouver.

- Il respecte vos choix et souhaite que vous réussissiez ce que vous entreprenez.
- Il s'intéresse assez à votre moi véritable pour vouloir vous comprendre totalement.
- Il vous permet d'éprouver la profondeur de son empathie.

Quand les réactions de votre partenaire sont dictées par la peur, elles ne contribuent pas à votre sentiment de sécurité ; quand elles émanent de son amour, elles aident à vous rassurer.

C'est là un des plus grands défis que présente l'intimité. Nous désirons tous une relation au sein de laquelle nous pouvons communiquer nos sentiments quand nous sommes perturbés par les réactions de notre partenaire. Lorsque c'est impossible, un réservoir de frustration et de colère se crée qui génère le ressentiment. Malheureusement, la plupart des relations intimes évoluent dans cette direction.

Si votre couple est pareil à la plupart, l'expression de vos sentiments négatifs est généralement perçue comme une menace par votre partenaire. De façon typique, il y répond par la défensive et vous n'êtes pas entendu. Voici quelques-unes des plus fréquentes réactions défensives :

- Dresser une barrière émotionnelle et devenir froid, distant et renfrogné.
- Attaquer et accuser le partenaire de faire pire que toutes ses propres erreurs.
- Expliquer et justifier son propre comportement.
- Informer le partenaire qu'il réagit de façon excessive.
- Essayer d'arranger les choses, lui exposer comment il devrait prendre la situation ou ce qu'il devrait faire.
- Devenir tellement émotionnel que le sujet de l'échange est déplacé du problème que l'un tente d'exposer aux sentiments qu'il provoque chez l'autre.

- Rejeter les sentiments du partenaire par l'humour ou le sarcasme.
- Avoir l'air de l'écouter, dire exactement ce qu'il faut et continuer sans tenir compte de ce qui vient d'être exprimé.

Aucune de ces réactions n'apporte de solution ni ne contribue à un soulagement parce que le second partenaire s'est fermé à ce que le premier essayait de lui communiquer.

Heureusement, il existe une autre réaction qui entraîne la communication souhaitée en créant une atmosphère de sécurité émotionnelle. Nous l'appelons l'*écoute à cœur ouvert*. On pourrait aussi parler de *yoga émotionnel*.

De même que les postures du yoga sont des outils affinés qui aident à dénouer des blocages corporels, l'écoute à cœur ouvert est un outil tout aussi efficace pour ouvrir les parties du cœur verrouillées par la défensive. En révélant rapidement ces blocages, le processus vous indique précisément comment l'utiliser.

Cette qualité particulière d'écoute peut être employée quand l'un de vous (ou les deux) se sent perturbé, blessé, triste, contrarié, en colère, effrayé ou dans le désarroi ; bref, quand le sentiment d'amour et de paix a disparu. Elle est utile quand vous sentez que vous êtes au bord de la dispute, quand l'un de vous va adopter la défensive, quand vous n'êtes pas écouté ou quand vous voulez communiquer une chose dont vous savez par expérience que votre partenaire n'y sera pas réceptif.

Qu'est-ce qu'écouter à cœur ouvert ?

L'écoute à cœur ouvert remplace la défensive pour réagir aux sentiments de votre partenaire. Elle permet de lui montrer que pour vous, le comprendre est plus important que d'avoir raison. Quand elle est employée efficacement, notre partenaire découvre que nous sommes non seulement capables de voir les choses de son point de vue mais aussi que nous avons de l'empathie pour ses sentiments et en reconnaissons la valeur. Il en résulte une *guérison* pour les deux partenaires.

L'écoute à cœur ouvert comporte deux parties. Nous appelons la première *le reflet*. L'un des partenaires commence à exprimer ce qu'il ressent à propos d'un événement ou d'un comportement qui l'a perturbé. L'autre répète ensuite ce qu'il vient d'entendre avec ses propres mots, incluant tout ce qu'il en a retenu et s'attachant particulièrement à une description fidèle des sentiments de son partenaire. Si le récit du premier est très long, le second peut l'interrompre de temps à autre pour refléter ses déclarations.

Il est normal de ne pas réussir parfaitement cet exercice dès la première fois. Si le second partenaire déforme le message du premier ou en omet un élément, le premier peut le lui signaler. Il faut reprendre l'épisode et poursuivre l'échange jusqu'à ce que le premier sente que son partenaire a totalement intégré la teneur de son récit.

À titre d'exemple, voici comment Jennifer et Michael ont apporté plus de clarté dans leur communication grâce au reflet. Michael, belle barbe et comportement affable, était charpentier en milieu rural. Jennifer, qui élevait deux jeunes enfants, semblait plus sensible et tendue.

MICHAEL : Nous savons tous les deux que je ne suis pas satisfait de mon travail et que je veux trouver un meilleur emploi, peut-être même reprendre mes études. Je ne suis pas très rapide. J'ai tendance à attendre pour agir que le bon moment me semble venu. Hier soir, je me détendais dans le séjour quand tu es entrée et m'as attaqué bille en tête parce que je ne me remue pas assez vite. Tu me critiques souvent là-dessus et j'ai l'impression que tu attends de moi que je change du jour au lendemain. Je sais que je ne suis pas une personne très dynamique mais j'essaie de changer. Cela m'agace que

tu me harcèles, en particulier quand je n'ai pas le moral, comme hier soir. Tu as l'air de dire que tu fais des efforts sur tes points faibles et que moi je ne fais rien. Et je me sens inadéquat.
JENNIFER (essayant de refléter) : Tu es en colère parce que tu as l'impression que notre façon de communiquer te donne le mauvais rôle. Et tu supposes, à cause de ma réaction, que c'est ta faute.

À ce stade, nous avons signalé à Jennifer qu'elle avait modifié la signification du message en disant "tu supposes que", une expression que nous déconseillons dans le reflet parce qu'elle sous-entend : "Tu supposes cela mais je sais que ce n'est pas réellement vrai". De plus, elle en avait omis une grande partie. Elle devait décrire à nouveau plus en détail ses propres comportements qui déclenchent les sentiments de Michael. Jennifer essaya à nouveau.

JENNIFER : Quand je te blâme ou te critique parce que tu n'agis pas assez vite pour changer d'emploi ou reprendre tes études, tu éprouves de la colère envers moi. Tu veux que je sache que toi aussi, tu es mécontent de la situation, mais que ton rythme est différent du mien. Tu te remues moins vite. Quand je t'attaque, tu as la sensation que je dis "Je travaille à résoudre mes problèmes, mais pas toi". Et tu te sens alors inférieur.
MICHAEL : C'est mieux, mais je n'ai pas dit inférieur, j'ai dit inadéquat.
JENNIFER : Quand je te reproche d'être trop lent et sous-entends que je fais mieux, tu te sens inadéquat.
MICHAEL : Exactement. Mais tu as oublié que j'ai mentionné que tu fais cela quand je n'ai pas le moral.
JENNIFER : Une des choses qui te fait te sentir tellement inadéquat est que je te critique quand tu n'as vraiment pas le moral et j'aggrave les choses en t'attaquant.
MICHAEL : Oui. Tu as bien compris. Oh ! Une autre chose. Quand tu fais cela, je ne sens plus ton amour.

JENNIFER : Quand je t'attaque, en plus d'être en colère contre moi et de te sentir inadéquat, tu as aussi l'impression de ne plus sentir mon amour.
MICHAEL : Cela reflète bien ce que je sens.

Lorsque nous reflétons exactement le message originel de notre partenaire, il n'est pas inhabituel qu'apparaisse une autre strate. Avoir été bien entendu, souvent pour la première fois, peut suffire à créer un niveau nouveau de sécurité. Des sentiments plus profonds peuvent alors émerger. Parfois, la communication initiale se révèle être un élément d'une préoccupation plus vaste. L'incident particulier relaté s'avère relié à d'autres événements à l'intérieur de la relation et dans le passé. Dans ce cas, il est bon de remercier le partenaire pour le reflet authentique qu'il a renvoyé et qui a fait surgir autre chose. Les explorations révélatrices sont possibles quand les deux partenaires sont prêts à suivre la piste des sentiments soulevés, quels qu'ils soient.

La validation

Si important soit-il, le reflet n'est qu'un prélude. Quand il est fidèle, nous devons passer à la *validation* qui opère la plus grande transformation et la plus grande guérison. Valider les sentiments de votre partenaire consiste à lui montrer, verbalement ou non, que vous comprenez ces sentiments ; que vous ne les jugez ni absurdes, ni exagérés, ni inappropriés ; que même s'ils ne sont pas les vôtres, vous pouvez concevoir que votre partenaire les éprouve dans les circonstances évoquées.

Il est essentiel de bien exprimer que vous comprenez le **lien** entre vos actions et ses sentiments, et non que vos actions sont la **cause** de ses sentiments, ce qui exempterait à tort votre partenaire de sa responsabilité dans ce qu'il ressent. Vous devez bien communiquer qu'étant donné votre rôle dans l'échange, vous comprenez que votre partenaire puisse éprouver ce qu'il éprouve.

Le meilleur moyen pour que vous saisissiez la nature de la validation est que vos propres sentiments soient validés par un tiers et que vous perceviez la libération intérieure qui s'ensuit. C'est une expérience difficile à décrire, à moins de l'avoir vécue : vous remarquerez alors un changement dans la qualité de l'énergie entre vous et votre partenaire. Personnellement, je décrirais la sensation par : "Enfin ! Elle/Il a compris !" Si vous n'éprouvez pas cette sorte de soulagement, vous devez en informer votre partenaire : "Je suis désolé, mais je ne me sens pas encore *validé*". Soyez très exigeant avec lui. Vérifiez si vous sentez profondément et sincèrement que vos sentiments sont reconnus et validés. Il est parfaitement acceptable que ce ne soit pas le cas, même si vous appréciez pleinement les efforts réels de votre partenaire.

Souvent, comme on trouve une pièce du puzzle qui est *presque* la bonne, vous aurez la sensation que vos sentiments sont *presque* validés. Ne vous contentez pas de presque, car la dernière partie du travail qui permet à la pièce de s'insérer exactement dans le puzzle est la plus importante. Essayez d'identifier l'élément manquant dans la tentative de votre partenaire et décrivez-la pour lui. Peut-être ne vous sentez-vous pas totalement validé parce que votre partenaire ne vous a pas totalement ouvert son cœur. Peut-être s'accroche-t-il encore un peu à la certitude d'avoir raison qui, transmise de façon non verbale, bloque la validation. Dans ce cas, vous pouvez lui dire : "J'ai bien vu que tu essayais, ce que j'apprécie réellement ; mais je ne me sens toujours pas validé. J'ai la sensation que tu restes un peu en deçà. Est-ce vrai ?" Une telle formulation ne comporte aucun blâme.

C'est cette retenue, éprouvée en un point ou un autre par tous ceux qui entreprennent cette démarche, qui constitue l'obstacle majeur à une complète validation. Notre ego affirme que valider les sentiments de l'autre infirme les nôtres, ce qu'il ne peut accepter.

Notre seule protection est alors de nous accrocher à la certitude d'avoir raison. Cette idée fallacieuse n'est pas facile à abandonner. Pourtant, la validation est à ce prix : si choisies et adroites que soient ses paroles, vous ne pouvez pas sentir vos sentiments validés face à une personne convaincue qu'elle a raison et que vous avez tort, dont le cœur reste fermé, qui vous juge, vous trouve absurde, trop susceptible ou dévalué par les sentiments que vous éprouvez.

Dans ce cas de figure, ce qui m'aide beaucoup à valider les sentiments de ma partenaire est de retrouver une situation similaire dont j'ai déjà fait l'expérience. Si elle est blessée parce que j'ai pris une décision sans la consulter, j'essaie de me remémorer une circonstance identique et ce que j'ai alors ressenti. Si elle est en colère parce que je n'ai pas tenu un engagement, je m'efforce de me rappeler un cas où le même type de manquement avait déclenché ma propre colère.

Retrouver en soi ces sensations est tout un art. Parfois, n'y parvenant pas, j'explore ma mémoire pour trouver une situation comparable qui me permette de me représenter les sentiments de ma partenaire. Si je n'y parviens pas, l'imagination supplée au manque, comme dans la session suivante.

Les virées entre copains

Paul et Gloria avaient besoin de résoudre un petit problème dans une relation par ailleurs satisfaisante. Paul, un médecin, bel homme d'une cinquantaine d'années, travaillait beaucoup et faisait beaucoup de sport. Il aimait aussi passer quelques heures dans les bars avec ses amis après leur pratique sportive, non sans consommer un certain nombre de bières. De son point de vue, ces sorties compensaient normalement ses longues heures et ses lourdes responsabilités professionnelles.

Selon lui, le problème venait de Gloria. Il l'avait rencontrée quelques années auparavant à l'hôpital où elle était infirmière. Ils tombèrent follement amoureux et Paul rompit un mariage malheureux pour vivre avec elle. C'était une belle femme de quarante ans, élancée, avec une assurance tranquille. Pour la première fois, après de nombreuses liaisons, Paul avait établi avec Gloria une véritable relation et il l'aimait comme au premier jour. Cependant, bien qu'elle semblât si tolérante à son égard, elle était incapable d'accepter ses virées entre copains.

Paul, quant à lui, voulait pouvoir sortir avec ses amis plusieurs fois par semaine avec l'approbation de Gloria. Il s'efforça de s'exprimer sur un ton raisonnable. "Écoute, tu es merveilleuse pour moi. Je sais que je suis parfois difficile à vivre et tu es formidable de me supporter tel que je suis. Mais je n'arrive pas à comprendre que tu me gâches ce plaisir. Je ne vois pas où est le mal quand je sors boire quelques bières avec mes amis. Je travaille dur et je mérite bien de me détendre. Mon ex femme ne le supportait pas et en faisait tout un plat. Je finissais par lui mentir et ensuite, je me sentais coupable. Je ne veux pas rejouer le même scénario. Je ne comprends tout simplement pas pourquoi tu ne prends pas cela à la légère et ne me laisses pas m'amuser. Après tout, je ne refuse pas que tu voies tes amis. Tout simplement, ça ne me semble pas juste."

Gloria, qui l'écouta sans l'interrompre, avait l'air mal à l'aise quand il s'arrêta. "Je n'ai jamais pu réussir à te faire comprendre pourquoi je suis tellement contrariée quand tu sors pour boire, mais je suppose que c'est le moment de le faire", dit-elle. Elle respira un bon coup. "Tu te rappelles cette fois, l'automne dernier, où je devais te retrouver dans un bar après votre match de baseball?" Paul fit signe que oui. "Eh bien, continua-t-elle, quand je suis arrivée avec à peu près une demi-heure de retard, il était clair que tu avais déjà vidé plusieurs verres. Je peux accepter cela ; mais quand la serveuse en minijupe s'est approchée, tu as tendu la main pour la caresser. J'ai été mortifiée."

– Oh ! arrête ! Tu exagères, dit Paul. Je ne faisais que flirter un peu. Les hommes adorent flirter et il n'y a pas de mal à ça. Tu fais vraiment une tragédie d'une broutille !"

Gloria ne perdit pas pied. "Je comprends que les hommes aiment flirter et je ne m'en formalise pas. Il m'est arrivé de le faire moi-même. Mais ce que tu as fait dépassait les bornes. Tu étais totalement inconvenant et cela m'a mise très mal à l'aise. En réalité, j'ai été terrifiée de penser à ce que cela représentait pour l'avenir. Je te vois sortir et boire et un jour, tu te retrouveras au lit avec une autre femme." Paul commença à se fâcher. "Je n'étais pas inconvenant. L'ennui avec toi est que tu es trop sensible. Il n'y avait pas de quoi fouetter un chat. Je t'assure que ça n'était rien du tout." Gloria leva les yeux avec une expression signifiant : "À quoi bon ?" Elle se tourna vers moi : "Voilà ce qui se produit chaque fois que j'essaie de lui dire ce que je ressens. Tout simplement, il n'écoute pas."

Après que je leur eus exposé l'art d'écouter, Paul accepta, un peu à contre cœur, d'écouter Gloria. Quand elle eut terminé, Paul refléta ce qu'elle avait dit. Mais quand vint le moment de valider la peur qu'inspirait sa conduite, il regimba. "Je ne sais pas comment valider sa peur parce que je ne peux pas me la représenter. Je n'arrive pas à comprendre pourquoi elle était si contrariée. Peut-être que je ne suis pas fait pour ce genre de démarche.

– Attendez, Paul, lui répondis-je. Ce n'est pas un échec de ne pas être capable de valider ; en fait, c'est presque toujours le cas lors d'un premier essai. Accepteriez-vous d'utiliser votre imagination pour un moment ?

– Je suppose que oui, répondit Paul avec un soupir ennuyé.

– Fermez les yeux et visualisez la scène suivante. Vous avez rendez-vous avec Gloria dans un bar. Quand vous arrivez, elle est déjà là depuis un certain temps et visiblement, elle a consommé quelques verres avec ses amis. Elle est vêtue de façon très sexy, se comporte de même et s'en amuse beaucoup. Un jeune serveur séduisant en pantalons collants se dirige vers sa table pour lui demander si elle veut

un autre verre. Elle le détaille lentement des yeux, en s'attardant sur son pelvis. Puis elle tend la main et la glisse langoureusement le long de sa jambe en commandant un autre verre d'une voix sensuelle. Vous savez qu'elle ne se comporterait jamais comme cela si elle n'avait pas bu d'alcool. Maintenant réfléchissez une minute, voyez ce que vous ressentez en vous représentant Gloria sortant pour boire avec des amis."
Paul garda les yeux fermés un assez long moment. "D'accord! J'ai compris." Il regarda Gloria avec un léger sourire et lui prit les mains. "Je comprends maintenant que me voir flirter dans ce bar t'ait effrayée. Je comprends pourquoi tu as vu à quoi ma façon d'agir pourrait me conduire avec quelques verres supplémentaires quand tu n'es pas là. En t'imaginant te comportant de la même manière, je ne me suis pas senti bien du tout. J'ai compris."

Gloria était *validée*. Bien sûr, le problème n'était pas résolu pour autant. Mais désormais, les discussions concernant les virées entre copains pourraient prendre place à un niveau de compréhension totalement différent.

Quand le besoin d'avoir raison cède au désir de comprendre, on parvient en général à pénétrer les sentiments de son partenaire. On peut être tenté de penser que son expérience est fondamentalement trop différente de ce qu'on connaît soi-même pour pouvoir la saisir. Avant de succomber à cette tentation, rappelez-vous que nos ressemblances sont plus nombreuses que nos différences. Tous les humains font l'expérience de la souffrance, la tristesse, la peur, la frustration ou la colère. En faisant l'effort de trouver en vous un sentiment qui ressemble à l'émotion qu'éprouve votre partenaire, vous bénéficierez peut-être d'une soudaine intuition et d'une grande ouverture du cœur.

Cela ne signifie en aucune manière que vous devez être d'accord avec la façon dont votre partenaire perçoit la situation ; que vous deviez vous sentir en tort ou coupable de vos propres sentiments ;

que votre partenaire est bon et que vous êtes mauvais, ou que vous deviez modifier votre comportement ou renoncer à quoi que ce soit. Mais très souvent, cette intuition vous éclaire sur certains de vos modes de fonctionnement inconscients et vous voudrez peut-être alors les examiner de plus près.

Un exemple peut vous aider à le comprendre. Vous avez deux enfants qui se chamaillent. L'aînée veut être seule avec une amie qui lui rend visite. Elle est agacée par l'indiscrétion de son jeune frère qui veut se mêler à leur réunion et elle le chasse. Blessé d'être tenu à l'écart, il insiste et se fait chaque fois rabrouer. Contrariés et se blâmant mutuellement, les deux enfants viennent se plaindre à vous.

La situation n'exige pas que pour la satisfaction de l'un, vous blâmiez l'autre ou refusiez de reconnaître ses sentiments. Ceux des deux enfants sont également acceptables. L'aînée a le droit d'être tranquille avec son amie, tandis que la sensation d'exclusion du plus jeune est parfaitement compréhensible. C'est cette idée qu'il faut garder présente dans le cœur en explorant le sens de la validation des sentiments de votre partenaire. Les siens et les vôtres sont également valables. Acceptez simplement de laisser un moment les vôtres à l'écart.

Quelques trucs pour réussir une validation

Il est normal de buter d'abord sur quelques obstacles. C'est avec la pratique que vous deviendrez expert. En apprenant à résoudre des problèmes avec votre partenaire, gardez quelques points en mémoire.

- *Soyez explicite.* Au lieu de: “Je vois que tu n'as pas aimé quand j'ai fait ça”, dites plutôt: “Je comprends que tu aies été blessé et que tu te sois senti tenu à l'écart quand j'ai accepté un rendez-vous pour samedi au lieu de passer l'après-midi avec toi".

- *Soyez franc.* Au lieu de: "Quand tu as la sensation que je t'ignore…", essayez plutôt: "Quand je me détourne de toi…". L'idée est d'être franc, simple et clair.
- *Soyez précis.* Il y a une différence entre: "Je comprends que tu sois en colère quand je n'arrête pas de t'interrompre" et "Je comprends que mes interruptions continuelles te mettent en colère." La première formulation ne traduit pas une véritable compréhension de la réalité des sentiments de votre partenaire. Elle correspond plus à un reflet qu'à une validation. La deuxième formulation traduit une vraie validation.
- *Soyez attentif au message non verbal.* Soyez conscient de la proximité corporelle. Beaucoup de couples font l'erreur de s'asseoir trop loin l'un de l'autre. Vérifiez avec votre partenaire que la distance entre vous est confortable pour lui. Voyez s'il est bon que vous vous teniez la main. Faites-vous face et regardez-vous dans les yeux. Soyez particulièrement conscient du message transmis par le ton de votre voix, par votre regard, votre langage corporel. Notez que les bras croisés transmettent un message défensif. Êtes-vous certain d'avoir renoncé à avoir raison?
- *Soyez conscient des sentiments de votre partenaire et de leur intensité.* Parfois, vous pouvez en comprendre la nature sans en saisir toute l'intensité; or il est difficile de transmettre la compréhension d'un sentiment intense en s'exprimant sur un ton détaché.
- *Soyez persévérant.* Beaucoup de situations exigent plusieurs tentatives avant que la validation soit réussie. Ne vous laissez pas abattre par un échec apparent. Les derniers 5 % les plus difficiles sont aussi les plus fructueux, à la fois pour dénouer un problème et pour en tirer un enseignement.

Bien sûr, la nature du processus veut qu'à votre tour, vous obteniez la validation de vos sentiments. Les deux partenaires ont une égale responsabilité d'écoute à cœur ouvert. Dans la pratique, si votre partenaire se sent écouté et validé, il sera d'autant plus prêt à fournir l'effort nécessaire pour valider à son tour vos sentiments. Tant il est vrai, particulièrement dans ce cas, qu'on reçoit exactement ce qu'on est capable de donner.

Que faire si je suis injustement attaqué ?

Nombreux sont ceux qui se demandent s'ils doivent continuer à écouter à cœur ouvert un partenaire qui ne cesse d'en profiter pour les attaquer injustement.

Willy et Julia s'étaient familiarisés avec l'écoute à cœur ouvert lors d'un de nos ateliers. Julia, une séduisante femme de caractère d'environ 50 ans, semblait très consciente de ses sentiments et prête à les extérioriser. Willy, sorti d'une grande université et plus âgé de quelques années, avait renoncé à une carrière intellectuelle prometteuse pour une vie rurale dans le Vermont. Il donnait l'impression de refouler beaucoup de choses sous la surface.
À la suite d'un de nos stages, ils avaient beaucoup pratiqué l'écoute mutuelle qui semblait leur réussir. Mais ils revinrent un jour dans le désarroi parce que depuis un certain temps, ils tournaient en rond autour du même sujet. Julia commença. "Je suis absolument exaspérée ! Quand je te demande de m'écouter, tu acceptes mais tu te refermes et refuses de poursuivre dès que j'exprime un sentiment négatif. Je ne peux rien te dire !"
Willy se montra offensé. "Tu n'es pas juste. Tu sais que je suis parfaitement disposé à t'entendre tant que tu n'en fais pas une excuse pour t'en prendre à moi. Je suis heureux d'écouter tes sentiments. Mais tu ne te contentes pas de les exprimer. Tu me blâmes, tu m'agresses et tu fais toujours de moi le vilain de l'histoire. Rien

dans la règle du jeu ne m'oblige à accepter de subir ce genre d'attaque."

Julia sembla extrêmement contrariée. "D'accord, c'est vrai que je perds souvent mon calme et que cela m'est arrivé de t'attaquer. Mais je fais vraiment des efforts depuis un certain temps pour communiquer plus honnêtement sans te faire de reproches." Des larmes se mêlèrent à sa colère tandis qu'elle s'écriait : "Tu ne reconnais jamais les efforts que je fais ! Ce n'est pas vrai que je m'en prends toujours à toi en t'attaquant et en te blâmant. Je pense sincèrement que la plupart du temps, j'exprime simplement ce que je ressens. Mais dès que je manifeste la moindre émotion, tu te verrouilles et prétends que j'ai déformé les faits ! Il faudrait que je sois une espèce de sainte, sans jamais le moindre sentiment négatif pour que tu daignes m'écouter !"

"Tu es encore injuste, répliqua Willy. Tu crois peut-être que tu es sincère et objective, mais je voudrais que tu puisses t'observer sur une cassette vidéo. Tu verrais alors à quel point tu es agressive. Si tu étais aussi sincère que tu le dis, t'écouter ne me poserait aucun problème." Il se tourna vers moi : "Dans cette démarche, suis-je censé subir passivement toutes les attaques ?"

À quoi Julia répondit en demandant, les yeux pleins de larmes : "Est-ce qu'il faut que je fasse un sans-faute pour qu'il m'écoute ? Je n'ai pas droit à une marge d'erreur ? Est-ce que le but de la démarche, ça n'est pas d'écouter son partenaire même quand il est contrarié, ou même complètement bouleversé ?"

La question n'est pas simple. D'une part, le but est de créer un environnement où il est permis d'être humain, où tous les sentiments sont admis. Celui qui écoute ne doit pas opposer à l'expression de son partenaire des standards de perfection et d'équilibre émotionnel idéaux. (À ce stade, Julia opina vigoureusement de la tête avec un léger sourire, tandis que Willy restait renfrogné).

Par ailleurs, certains peuvent faire mauvais usage de l'écoute à cœur ouvert. Disposant d'un public captif, ils déversent injustement sur lui toute leur négativité. (C'était le tour de Willy de sourire tandis que l'expression du visage de Julia s'assombrissait.)

Ni Willy ni Julia n'avaient tort mais il est vrai qu'ils avaient tous deux beaucoup d'efforts à fournir. L'intimité exige l'ouverture dans les deux sens. Apprenez d'abord à être réceptif à tous les sentiments de votre partenaire sans vous préoccuper de savoir s'ils sont justifiés ou non.

Il est difficile d'écouter en se croyant injustement agressé mais il est bon d'apprendre l'art de ne pas se mettre sur la défensive. Accueillez les sentiments négatifs de votre partenaire comme les débordements d'un enfant blessé plutôt que comme une preuve de votre insuffisance et abandonnez l'idée d'y trouver de la rationalité *(cf. chapitres 7 et 11)*.

De toute manière, en apprenant à être totalement réceptif à ces sentiments, vous découvrez aussi l'importance d'assumer la responsabilité de la manière dont vous exprimez vos propres émotions.

Tandis que votre partenaire vous écoute, surveillez-vous bien pour être certain que vous ne le tenez pas pour responsable d'avoir provoqué vos sentiments négatifs. Si c'est le cas, vous risquez de manquer de compassion vis-à-vis de ses imperfections et de gâcher beaucoup d'énergie à lui reprocher de ne pas être assez aimant et de ne pas vous soutenir suffisamment. Vous jouez un rôle primordial dans la création de votre propre état émotionnel.

Nombre d'entre nous attendent l'impossible de leur partenaire. N'ayant pas reçu l'amour équilibré et mature dont nous avions besoin étant enfants, nous voudrions que nos partenaires fassent ce que nos parents n'ont pas réussi à faire, qu'ils comblent notre manque affectif en étant éternellement aimants, positifs, présents et branchés sur notre longueur d'ondes. Nous oublions que c'est en nous que nous pouvons trouver la source d'amour inconditionnel qui guérira nos blessures.

Outre nos exigences irréalistes, nous pouvons nous accoutumer à l'écoute à cœur ouvert et en faire un outil de confusion : maintenant que notre partenaire nous écoute enfin sans défense, il est tentant de déverser sur lui notre arriéré de sentiments négatifs ! Au lieu d'apporter compréhension et compassion, cet outil originellement généreux peut alors devenir un facteur de rupture, de blâme et de conflit. Dans un tel contexte, notre partenaire associera rapidement écoute à cœur ouvert et abus verbal et trouvera inévitablement un terrain de repli pour l'éviter. Si votre démarche d'écoute ne va pas dans le sens espéré, posez-vous les questions suivantes :

- *La communication est-elle à double sens ?* Lorsqu'un des deux partenaires l'accapare en soulevant la majeure partie des problèmes, elle est inégale et a besoin d'être équilibrée. Pour un bénéfice maximal, chacun doit la pratiquer dans les deux sens.
- *La pratiquez-vous trop souvent ?* Si nous l'employons continuellement pour faire remarquer à notre partenaire son moindre manquement à nos standards éthérés, méfiance ! Un espace est nécessaire pour reconnaître les vertus respectives et pour vivre heureusement ensemble dans une progression permanente.
- *Les deux parties acceptent-elles la responsabilité de leurs sentiments négatifs ?* Au lieu de : "Tu me rends dingue avec tes crises infantiles", essayez plutôt : "Quand tu perds le contrôle comme tu le fais, je commence à avoir peur". Quand nous commençons à préférer jouer le rôle de la victime innocente et blessée plutôt que de nous interroger sur notre part de responsabilité dans notre état émotionnel, cela signifie peut-être que la peur a infiltré une démarche initialement généreuse mais désormais employée à mauvais escient.

S'engager à écouter

L'écoute à cœur ouvert n'est pleinement efficace que lorsqu'on s'engage à la pratiquer chaque fois qu'elle est utile (ou aussi rapidement que possible après coup). Faute de quoi, vous vous embarquerez à reculons dans une exploration limitée par votre fuite devant les moments qui exigeraient un maximum de courage et d'attention.

L'engagement n'a aucun sens quand tout est facile. Si votre vie se déroulait sans défi ni obstacle, vous n'auriez pas besoin d'engagement. Il aide à réagir avec plus de détermination dans les moments difficiles tels que ceux où l'amour ne commande plus le comportement ou l'humeur de votre partenaire. L'engagement est une discipline face à ce que vous dicte la peur. C'est votre allié contre la tentation d'adopter une solution de facilité, de vous contenter de la satisfaction immédiate d'avoir raison et de vous verrouiller le cœur. Plus la tentation est grande, plus l'engagement doit être fort.

Le jeûne m'a beaucoup appris sur la réaction face à la tentation. Lorsque je jeûne, arrive toujours un moment où j'éprouve une faim de loup, particulièrement au cours des premiers jours. Souvent, je réussis à résister à la tentation de manger, à m'en tenir à mon plan et à poursuivre le jeûne. Parfois, je cède à la première sensation de faim et je rationalise en me disant que le moment était mal choisi pour jeûner. La différence entre les deux situations est que dans la première, que j'en sois conscient ou non, j'ai été soutenu par la discipline qui émane naturellement d'un véritable engagement. Un jeûne réussi implique de tenir compte de la puissance de la faim qu'on risque d'éprouver et de l'accepter avec une détermination d'égale puissance.

Pour atteindre un but quel qu'il soit, vous devez prendre en compte la puissance de la force qui s'y opposera, une force que le philosophe ésotérique russe Gurdjieff a appelée *force seconde.* En vous engageant dans l'écoute à cœur ouvert, vous devez prendre conscience du pouvoir de cette force seconde, qui est la tentation profonde de vous mettre sur la défensive quand le comportement de votre partenaire provoque en vous une forte réaction négative. À un moment ou un autre, il vous accusera injustement, vous regardera d'une certaine manière, vous parlera sur un certain ton et tout en vous vous poussera à l'attaquer ou à vous défendre, ou simplement à renoncer. Quand il manifestera sa souffrance et sa peur, vous serez maintes fois tenté de vous replier ou d'attaquer. La peur vous soufflera que vous ne pouvez être présent et réceptif pour lui. Seule la puissance de votre engagement vous aidera à faire face et à vaincre cette *force seconde.*

Si votre enfant ou quelqu'un qui vous est particulièrement cher tombait gravement malade et que vous deviez escalader une montagne en pleine nuit sous la pluie pour vous procurer le seul médicament qui puisse le sauver, ne trouveriez-vous pas l'énergie nécessaire pour le faire ? Fatigué, malade ou pas d'humeur, vous ne vous poseriez même pas la question. Quand l'engagement vient réellement du cœur, nous sommes en contact avec quelque chose de plus profond que nos besoins personnels. Une force et un pouvoir nous sont accessibles très au-delà de ce que notre esprit limité croit possible.

Lutter peut être parfois extrêmement fatigant. Par moments, vous devrez vous retirer en vous-même pour atteindre un point dont vous ne soupçonniez même pas l'existence. L'engagement vous rappelle que choisir le chemin le plus difficile vaut l'effort qu'il exige de vous. Plus vous opposez de résistance à la facilité, plus vous aurez la possibilité de tirer un enseignement inestimable de cette lutte contre votre tendance enracinée à vous fermer à autrui. Pour les guerriers qui s'engagent sur ce front, les récompenses sont à la mesure des efforts fournis.

L'*écoute à cœur ouvert élimine-t-elle le dialogue utile* ?

Certains sont réticents à ne pratiquer que l'écoute de crainte que cela ne freine le dialogue. Le vrai dialogue est évidemment indispensable, mais la qualité de la communication est limitée quand l'une ou les deux parties ne sont pas réellement entendues. Auquel cas il risque fort d'aboutir au blâme réciproque et à une grande dépense d'énergie en tentatives futiles pour se faire comprendre.

Greg et Tanya, qui ont participé à l'un de nos week-ends pour couples, étaient bloqués dans un conflit portant sur la seule infidélité de Greg des années auparavant. Il avait fait amende honorable, reconnaissant avoir commis une grosse faute et promettant de ne jamais la renouveler. Mais Tanya ne parvenait pas à lui pardonner. Elle était convaincue qu'il n'avait pas pleinement évalué à quel point elle s'était sentie trahie. Dès qu'une dispute survenait, Tanya explosait en reproches sur son infidélité. Greg se défendait et demandait : "Combien de fois faudra-t-il que je te demande pardon ? Le passé est passé. Pourquoi ne peut-on l'oublier et vivre dans le présent ?"
Le sujet soulevé, le dialogue les laissait toujours tous les deux insatisfaits. Greg se sentait injustement attaqué à cause d'une erreur reconnue pour laquelle il avait exprimé ses regrets. Tanya se sentait frustrée de ne pas parvenir à lui faire comprendre l'intensité de ses sentiments.
Deux erreurs sont fréquentes quand des fautes passées projettent leur ombre sur le présent. Tanya était tentée par la première – attaquer son partenaire pour sa faute en goûtant le sentiment d'être la vertueuse victime blessée. Greg était tenté par la seconde erreur – vouloir oublier prématurément et poursuivre son chemin en ignorant l'importance de la patience nécessaire avec les vieilles blessures

qui n'ont pas cicatrisé. En réalité, le passé ne doit être ni cultivé pour le plaisir ni ignoré mais utilisé pour en tirer un enseignement. Que faire ? Après qu'on leur eut exposé la démarche de l'écoute à cœur ouvert, Tanya demanda à Greg de la pratiquer tandis qu'elle explorerait la profondeur de ses émotions. Il eut beaucoup de mal à renoncer à l'autodéfense, mais il fit pour l'écouter et valider ses sentiments un suprême effort dont Tanya prit acte, se rappelant qu'en dépit d'une faute relativement grave, Greg n'était pas une mauvaise personne.

En cette occasion, Tanya n'éprouva pas la sensation d'être suffisamment comprise pour évacuer totalement ses ressentiments. Mais parce qu'elle avait apprécié l'effort de Greg pour les pénétrer, elle accepta d'éviter de recourir à l'épisode d'infidélité pour l'attaquer. Il promit d'accepter ses sentiments comme valides aussi longtemps qu'elle ne serait pas parvenue à les surmonter. Ils tombèrent d'accord pour continuer à les explorer mais seulement après avoir amélioré leur niveau de confiance mutuelle en pratiquant l'écoute à cœur ouvert à propos d'autres sujets.

Justifier et savourer les sentiments négatifs est en effet une tentation. Mais Tanya en vint à réaliser que se complaire en permanence dans le rôle de victime innocente ne valait pas la peine. Bien qu'encore incapable de se détacher de toute sa colère et de son ressentiment, son désir de pardonner fut la clé. Grâce à la capacité d'écoute et de validation de Greg, Tanya réussit, avec le temps, à pardonner totalement à son partenaire.

L'écoute à cœur ouvert détruit-elle la liberté ?

En entendant parler de l'écoute à cœur ouvert, certains concluent qu'elle détruit la liberté et la spontanéité.

Ils entretiennent l'idée étrange qu'être libre consiste à faire ce qu'on veut dans l'immédiat. Si je m'engage, par exemple, à faire de la gymnastique chaque jour de la semaine prochaine, ils estiment qu'en m'y contraignant, je sacrifie ma liberté et ma spontanéité. Je désire conserver la "liberté" de suivre mes envies, mes habitudes, mon désir de satisfaction immédiate ; mais en être l'esclave – qu'il s'agisse de drogue, de paresse ou de satisfaction de mon ego – ne m'apparaît aucunement comme une forme de liberté. Cette sorte de liberté est celle d'une machine, une spontanéité reposant sur un conditionnement ou des accoutumances.

Pour briser mes réactions habituelles physiques et mentales bien ancrées, je m'impose certaines disciplines. Celles-ci semblent limiter la spontanéité parce qu'elles sont souvent perçues comme des contraintes personnelles, obligeant à faire ce qu'on préférerait éviter. Mais la discipline vient tout naturellement quand je laisse mon comportement se régler sur une sagesse plus profonde plutôt que suivant mon désir de gratification immédiate. Pour qu'intervienne une authentique spontanéité, il est d'abord nécessaire de rompre avec des automatismes enracinés. La discipline ouvre la porte de la véritable liberté puisqu'elle permet de ne plus réagir comme un automate.

Tout comme la décision de faire de l'exercice remplace un mode de vie inactif, une discipline comme l'écoute à cœur ouvert met fin aux vieux réflexes de réaction mécanique au partenaire.

L'*écoute modifiera-t-elle le comportement ?*

Nous entendons souvent que l'écoute à cœur ouvert semble parfaite en théorie mais perd toute valeur quand le partenaire ne valide pas les sentiments qu'inspire son comportement et qu'il le maintient sans rien y changer.

Bien que l'écoute ne présente aucune garantie de changement, Martha et moi pouvons offrir des informations encourageantes sur ce point. Nous avons constaté qu'après des années d'écoute mutuelle, nous avons acquis une connaissance affinée l'un de l'autre. Avec le temps, nous avons appris à saisir de plus en plus souvent quand nous sommes sur le point de nous comporter maladroitement l'un avec l'autre ; à percevoir la relation entre des événements apparemment sans rapport, à repérer des schémas inconscients. Ce ne sont ni les plaintes ni les exigences de notre partenaire qui ont entraîné ces changements mais une perception plus lucide de nous-mêmes.

Le changement prend du temps. Les modes de fonctionnement profondément ancrés ne sont pas faciles à modifier. Si, par exemple, vous avez eu l'habitude de parler à votre partenaire sur un ton cassant au moindre geste qui vous déplaît, remarquez à quel point il est facile de retomber dans ce pli inconscient, même si vous vous répétez que vous voulez y renoncer. Et rappelez-vous que rompre avec les automatismes est tout aussi difficile pour votre partenaire que pour vous.

Même si des habitudes négatives persistent, vous remarquerez quand votre partenaire se souvient de ses bonnes résolutions. Soyez indulgent lorsqu'il les oublie, encouragez-le avec amour quand il s'en souvient. Même si tel problème perdure, vous aurez au moins créé un environnement plus favorable à une évolution créatrice. Votre foi dans l'aptitude à changer de votre partenaire l'aidera à devenir plus conscient de son propre comportement.

Le jour de grâce : un autre niveau d'engagement

Le "jour de grâce" est une option efficace pour les couples qui désirent accélérer leurs progrès et approfondir rapidement leur découverte d'eux-mêmes. Elle prolongera les bienfaits de l'écoute à cœur ouvert si cette dernière vous a permis d'abandonner vos défenses habituelles. Vous saurez si et quand le moment est venu pour vous de la pratiquer.

Elle se déroule sur deux jours. L'un des partenaires s'engage à rester ouvert à l'autre toute une journée, l'autre fait de même le lendemain. L'engagement est honoré quoi que dise ou fasse l'un ou l'autre : quelque raison que vous puissiez avoir, vous n'attaquez pas votre partenaire, vous ne vous mettez pas sur la défensive, vous restez constamment à l'affût de nouveaux moyens créatifs de lui exprimer votre amour. Cet engagement ne vous oblige pas à faire tout ce qu'il désire ou à accepter un comportement insupportable : un parent peut être affectueux avec un enfant tout en lui imposant des limites bien déterminées. Votre partenaire a d'autant plus besoin d'amour qu'il souffre davantage.

Votre rôle consiste à ouvrir votre cœur. Un acteur italien a rapporté qu'avoir incarné Jésus dans un film avait profondément transformé sa vie. Le seul fait de jouer un rôle peut avoir des effets remarquablement positifs. Pendant une journée, abandonnez toute attitude dictée par la peur et oubliez votre ego. Votre partenaire peut alors baigner dans un climat dont il n'avait jamais fait l'expérience auparavant, à moins qu'un de ses parents lui ait apporté un amour inconditionnel. Il peut alors se détendre et se dévoiler totalement dans la certitude de n'être ni jugé ni blâmé.

Si vous sentez votre cœur se refermer, ne cherchez pas d'excuses : arrêtez-vous et faites le nécessaire pour retrouver l'état dans lequel vous ne portez aucun jugement. Présentez des excuses et honorez votre engagement quoi qu'il vous en coûte.

Quand le comportement de votre partenaire est si difficile à accepter que vous ne parvenez pas à lui témoigner votre amour, ne capitulez pas. Si votre bonne volonté est sincère, tout l'univers penchera en votre faveur et vous apportera l'aide dont vous avez besoin. Tenir cet engagement peut s'avérer émotionnellement épuisant mais c'est aussi une remarquable occasion de développement personnel.

Cet épisode accroissant le sentiment de sécurité à l'intérieur de votre relation, des niveaux de souffrance plus profonds risquent d'émerger pour la première fois. Les blessures qui ne peuvent se refermer avant que nous en ayons pris conscience pourront enfin guérir. Chacun de vous souhaitera par moments avoir choisi un chemin plus facile. Mais ce travail apporte une joie intérieure car vous ne guérissez pas que votre couple, vous contribuez aussi à combler le fossé entre hommes et femmes.

Une merveilleuse variation est d'offrir un jour de grâce à votre partenaire à son insu. Un bonheur tout particulier naît de ce cadeau totalement désintéressé.

L'*importance du travail à double sens*

Au cours d'un jour de grâce, les rôles des deux partenaires ont une profonde et égale valeur. En ce qui me concerne, la possibilité d'être pleinement moi-même en toute sécurité a considérablement accru mon niveau de confiance. J'ai acquis la certitude que Martha sera présente pour moi quelles que soient mes humeurs, y compris les moins plaisantes. M'être senti inconditionnellement accepté m'a aidé à évacuer de nombreux poisons émotionnels et à admettre plus sereinement mes travers.

Mais il y aurait déséquilibre si j'étais toujours celui qui est en sécurité ou celui qui est blessé. Le bénéfice vient du fait d'être tour à tour le malade et le guérisseur, ce qui arrache le sujet à son conditionnement plus qu'aucun des deux rôles ne pourrait le faire à lui seul.

Quand nous avons commencé à pratiquer cette forme d'écoute, je me réjouissais à l'avance des jours où Martha jouerait le rôle de guérisseuse. Mais j'ai rapidement découvert que le jouer moi-même était encore plus gratifiant et bénéfique. En aidant Martha à guérir ses blessures, je guérissais aussi en moi des blessures similaires.

Après avoir pris la décision au début de la journée de rester ouvert à toute chose, j'ai été maintes fois sur le point de réagir négativement à ce que Martha faisait ou disait. Ces situations devinrent des occasions d'élargir ma conscience de moi-même et de faire un autre choix.

Au cours de ces journées particulières, je découvre toujours de nouveaux moyens plus créatifs d'exprimer mon amour. On peut parler de choses pratiques comme le paiement des factures sur un ton parfaitement neutre, sans trace d'agressivité, mais on peut aussi y mettre plus de cœur. J'ai commencé à m'intéresser à mes intonations dans les conversations les plus banales. Et j'ai découvert qu'il est possible de manifester son amour de maintes façons subtiles, beaucoup plus nombreuses que je ne l'avais imaginé. Les occasions d'un surcroît d'amour et de conscience dans l'interaction quotidienne se sont révélées sans limites! Ce qui a commencé comme un exercice a pris son propre essor et nous a conduits très au-delà de tous les schémas préconçus.

Le jour de grâce est une bénédiction incomparable. Il m'a permis d'abandonner ma conviction d'être la victime des humeurs de ma partenaire. Quel que soit leur contenu, j'ai toujours la possibilité de choisir l'amour, lequel est plus fort que la peur.

3
Demander à son partenaire de changer

Les *réactions habituelles sont inefficaces*

COMBIEN D'ENTRE NOUS ONT FAIT une expérience similaire ? Vous informez votre partenaire qu'une de ses habitudes régulières vous ennuie réellement. Et il réplique : "Ah bon, je vois que j'ai vraiment été inconscient. Je comprends que cela t'ennuie et bien sûr, je serai ravi de changer. S'il te plaît, rappelle-le moi si j'oublie." Il y a peu de chances pour qu'il le fasse.

Les frustrations provoquées par le comportement du partenaire font partie des plus grands problèmes de la vie de couple. Après sa phase romantique initiale, personne ne peut s'empêcher d'être agacé ou frustré par tel ou tel comportement. Dans une relation adulte, nous devrions être capables de parler de ces troubles mineurs, de demander de façon respectueuse à notre partenaire de modifier l'habitude en question et attendre de lui qu'au moins, il écoute et prenne la demande au sérieux.

En général, il en va autrement. Le plus souvent, vous réagissez comme suit au comportement incriminé :

- *Vous attaquez :* "Tu es toujours tellement négligé ! Je ne comprends pas, on ne t'a donc pas appris un minimum de bonnes manières ? Tu ne peux pas ramasser tes affaires ?" En réaction à cette attaque, votre partenaire risque fort de vous en vouloir de ne pas accepter sa conception moins stricte de l'ordre. Même s'il fait l'effort de changer, le ton offensant de votre question a provoqué son ressentiment. Et s'il ne change pas, les ressentiments s'aggraveront des deux côtés.
- *Vous cédez et en éprouvez du ressentiment :* Après diverses tentatives, vous vous résignez au fait que votre partenaire ne changera jamais. En procédant ainsi, vous enterrez vos sentiments négatifs et finissez par en éprouver de la rancune. Même si elle en a l'apparence, la concession est loin du sentiment de paix qui accompagne la véritable acceptation.
- *Vous manipulez :* Votre style est moins direct et vous utilisez des moyens plus subtils pour agir sur le comportement de votre partenaire. Ceux qui vous accusent de manipuler indiquent qu'ils n'apprécient pas vos méthodes détournées pour tenter de les influencer. Il n'y a pas de mal à essayer d'influer sur le comportement du partenaire. Mais les deux parties tirent un bien plus grand bénéfice d'une démarche plus franche. Au lieu d'influencer en sous-main comme s'il s'agissait d'un crime, apprenez à le faire tous les deux de façon directe et consciente.

Aucun de ces moyens ne résolvent les conflits ni n'entraînent de changement durable. Il intervient quand les partenaires deviennent des alliés pour prendre conscience de ce qui perturbe la relation sans se faire de reproches. C'est un défi de gérer judicieusement les habitudes gênantes qui projettent leur ombre sur l'harmonie du couple.

Contrôle et concession

Si j'utilise ma relation dans une optique spirituelle, comment justifier la demande de changement adressée à mon partenaire ? Est-elle en contradiction avec le principe spirituel répandu selon lequel je devrais l'accepter tel qu'il est ?

Les deux partenaires doivent communiquer efficacement sur ce qui les perturbe et accepter avec bonne grâce les imperfections respectives. En l'absence de communication, vous devenez un martyr de plus en plus chargé de ressentiments ; en l'absence d'acceptation, vous devenez un expert en rabâchage dont la compagnie peut être très agaçante. Le premier rôle correspond au contrôle, le deuxième à la concession. En vue d'une intimité harmonieuse, ces deux attitudes doivent être purgées de la peur qu'elles comportent.

Le contrôle basé sur la peur se manifeste par un style péremptoire et autoritaire. Il sous-entend que votre conjoint a intérêt à faire ce que vous voulez, faute de quoi vous lui mènerez la vie dure. Celui qui fonctionne sur ce mode essaie souvent d'assumer la responsabilité de son partenaire afin d'atténuer son propre sentiment de peur ou d'incompétence.

La concession basée sur la peur se manifeste par la soumission conciliante et timorée. Le message est que vous êtes impuissant et qu'avec vous, l'autre peut se conduire à son gré. Ceux qui adoptent ce comportement encouragent le partenaire à pratiquer un contrôle néfaste. Contrôle destructeur et concession, qui semblent opposés, sont en fait les deux faces d'une même médaille et s'attirent souvent mutuellement. Ni l'un ni l'autre ne correspond à une réaction sincère ou une reconnaissance authentique de votre amour.

En revanche, le contrôle et la concession peuvent avoir une saveur totalement différente quand ils émanent d'un respect à la fois pour vous-même et pour votre partenaire.

Un contrôle salutaire n'est ni dictatorial ni manipulateur. Il correspond plutôt à une énergie masculine élevée à son plus haut potentiel. Il émane de la certitude de ne pas être une victime du monde visible, de pouvoir choisir de modifier son état de conscience et de maîtriser les circonstances, de la conscience de vos moyens de contribuer, intérieurement et extérieurement, à ce que vous considérez comme le meilleur choix et de votre capacité à refuser des schémas qui nuisent à votre relation. Un contrôle salutaire peut se manifester par l'autodiscipline, la responsabilité par rapport à soi-même : attitude, alimentation, exercice, habitudes, etc.

Le contrôle salutaire peut aussi consister à dire non à votre partenaire. Afin que les limites que vous ne voulez pas voir franchies soient clairement définies, vous pouvez demander respectueusement à votre partenaire de changer certains comportements préjudiciables à votre relation.

Quant à la concession salutaire, elle n'est ni la soumission ni l'abnégation, mais plutôt la plus haute forme d'une énergie féminine. Faire une concession consiste à cesser de résister, à devenir moins tranchant, plus réceptif et plus ouvert. Considérez ce qui vous déplaît comme une invitation à vous détendre. Comme l'eau qui change continuellement de forme, adaptez-vous aux événements. La concession salutaire est l'expression d'une acceptation bienveillante de vos propres imperfections et de la bonne volonté de permettre à votre partenaire d'être ce qu'il est, ses traits moins agréables y compris.

Qui porte la responsabilité de mes sentiments ?

En demandant à mon partenaire de changer, est-ce que je sous-entends que son comportement est à l'origine de mes sentiments pénibles ? Après tout, ne suis-je pas responsable de ce que je ressens ? Toute personne familiarisée avec le Nouvel Âge sera immédiatement tentée de répondre de façon positive. Aujourd'hui, cette optique est même devenue un cliché.

Mais apparemment, cette responsabilité personnelle n'est pas si évidente. La plupart d'entre nous pensent que la personne qui les critique assez violemment pour leur faire de la peine est responsable de leur chagrin. Il est essentiel d'évaluer honnêtement si, en dépit de nos prétentions à l'élévation spirituelle, nous ne continuons pas à croire que notre partenaire est la cause de notre souffrance en observant jusqu'à quel point nous le blâmons quand nous nous sentons malheureux. Peut-on à la fois le blâmer et se croire responsable de ses propres sentiments ? Évidemment non. Mais si je suis responsable de mes sentiments, est-il légitime de lui demander de changer un comportement qui m'agace ?

Nous pensons que oui. On peut assumer la responsabilité de ses sentiments et cependant, demander raisonnablement une modification d'un comportement. Mais il est alors essentiel d'examiner très lucidement ses propres motivations.

Quand la demande émane de la peur

Votre demande de changement peut être motivée par l'amour ou par la peur. Si vous êtes un angoissé qui, par exemple, gère son insécurité en prévoyant ses vacances dans le moindre détail alors que votre partenaire table plus sur l'inspiration du moment, son attitude peut vous perturber et vous contrarier. Si vous lui demandez d'être davantage "comme vous", il peut vous trouver rigide et répressif. C'est votre peur qui réclame le changement.

Quand vous blâmez votre partenaire pour votre état émotionnel inconfortable, votre demande de changement repose sur une exigence égocentrique. Votre partenaire la percevra sans doute comme un message qu'il n'est pas comme il devrait être. Il se sentira jugé et n'aura sans doute pas envie d'accéder à votre demande. Il peut estimer que vous essayez injustement de le contrôler ou que vous niez un aspect essentiel de sa personnalité. Refuser de souscrire à votre demande aura sa part de justification.

Frank et Lynn nous proposent un bon exemple. Frank répète souvent à Lynn qu'il est très inquiet quand elle part faire de l'escalade. Il lui demande de renoncer à une activité aussi dangereuse et de se trouver un loisir moins périlleux. Dictée par la peur, cette requête sera mal perçue par Lynn. L'escalade étant pour elle un moyen d'expression fondamental de sa personnalité, elle n'aura sans doute pas envie d'accéder à la demande ; mais elle peut explorer la peur de Frank avec lui et lui demander si, sans renoncer à cette activité si importante pour elle, elle peut l'aider à faire face à son angoisse.

Supposons que deux partenaires soient issus de milieux très différents. Il vient d'une famille où le droit à l'indépendance prévaut sur l'intimité ; elle vient d'une famille où le partage au profit de l'intimité prévaut sur le droit à l'indépendance de chacun. Il est possible qu'il perçoive sa conception de l'intimité comme une invasion de son espace personnel ; elle peut être mal à l'aise avec une conception de la vie de couple qui lui semble peu partageuse.

Si elle vous demande de changer, peut-être ne voit-elle pas que bien que différent du sien, votre mode de relation a sa propre valeur. Ce qui ne vous encourage pas à le modifier. Bien connaître l'histoire personnelle de chacun peut sans aucun doute apporter plus de compréhension et de respect mutuels.

Autre cas, un homme peut demander à sa femme d'être plus rationnelle, de moins se laisser dominer par ses sentiments. C'est l'air connu : "Pourquoi est-ce que les femmes ne sont pas comme les hommes ?" Cette attitude est bien exprimée dans un dessin humoristique que Martha et moi affectionnons. Un chat et un chien sont couchés dans le même lit, tous deux renfrognés. Dans la légende le chat déclare : "Écoute, je ne suis pas distant, je suis un chat. Point final." En effet, demander à son partenaire de changer un aspect fondamental de sa nature ne peut qu'aggraver le conflit.

Parfois, la formulation d'une demande peut susciter chez l'autre la peur de devoir, s'il y accède, renoncer à quelque chose d'important. Une femme peut être effrayée par l'intensité de la colère que sa requête a provoquée et supplier son compagnon de ne pas se fâcher. Ce dernier a probablement beaucoup à apprendre sur la façon d'exprimer sa colère, mais il a sans doute perçu quelque chose de fondamentalement injuste dans la demande. Et c'est parfois le cas : demander à votre partenaire de ne pas éprouver ce qu'il éprouve équivaut à lui demander de renoncer à son humanité.

Mais dans un tel cas, la femme peut faire comprendre à son partenaire qu'il avait besoin de pouvoir se mettre en colère et qu'elle avait besoin de se sentir en sécurité. Elle peut alors suggérer qu'ils s'efforcent de trouver ensemble un moyen de gérer sa colère qui soit rassurant pour elle. Avec une telle demande, son partenaire ne craindra plus de devoir renoncer à quelque chose d'essentiel.

Quand l'amour préside à la demande

Une demande de changement peut avoir diverses motivations. Dans une relation spirituelle, l'une des fonctions de chacun est de jouer pour l'autre un rôle de guide puisque notre personnalité comporte toujours des aspects discordants dont notre partenaire a une connaissance particulière.

Sa situation est comparable à celle d'un professeur d'arts martiaux qui voit que vous ne mettez pas toute votre énergie dans un mouvement. Il vous encourage amicalement : "Voyons, je sais que vous pouvez faire beaucoup mieux. Concentrez toute votre attention sur ce mouvement." Il vous aide en vous encourageant à donner le meilleur de vous-même. En fait, c'est précisément pour cette raison que vous avez recours à lui, pour vous aider à devenir plus conscient de vous-même.

De la même manière, vous pouvez considérer que votre partenaire et vous avez souscrit à un contrat d'aide mutuelle dans le but d'acquérir une plus grande lucidité. Chacun invite l'autre à examiner de plus près les problèmes à résoudre. Que ce soit par une demande explicite ou par une compréhension intuitive, vous proposez à votre partenaire de vous alerter quand il sent que votre comportement ne correspond pas au but que vous poursuivez, de bien vouloir vous éclairer quand vous manquez de lucidité vis-à-vis de vous-même et vous vous engagez à faire de même pour lui.

Dans notre relation, les demandes de changement de Martha ont souvent concerné mon incapacité à ranger mes affaires. Si notre vie commune était une composition musicale, il s'agirait de ma part d'une série de fausses notes. La première indication de mon laisser-aller est la gêne qu'elle éprouve. Qu'elle me demande de jouer juste peut être un acte d'amour. Il m'arrive parfois encore d'être agacé par le rappel de mes travers mais au fond, je sens que c'est à moi-même que je rends service en accédant à sa demande. Si je ne le comprenais pas, je ne changerais qu'à contrecœur et n'en tirerais aucun bénéfice.

Votre partenaire vous tiendra lieu de guide spirituel si vous voulez bien l'entendre en renonçant à la défensive. Ayant vécu avec vous et avec les conséquences de vos habitudes et de vos tendances, il est probablement très au fait de vos plus sérieuses défaillances. Bien sûr, mieux vaut qu'il signale affectueusement vos travers plutôt qu'en y réagissant par "Oh non ! Tu ne vas pas recommencer !" En vous sentant accepté, vous risquez moins de vous mettre sur la défensive et de nier la pertinence de ses remarques. Votre partenaire peut être la voix intérieure qui vous encourage à examiner un aspect de votre vie qui pourrait être plus harmonieux.

Faites confiance à votre partenaire

J'ai eu l'occasion de jouer dans un orchestre symphonique de second plan. Nous interprétions un morceau comportant un important solo pour la section des cors anglais qui loupait souvent quelques notes. Le chef d'orchestre résident s'y était habitué. Mais un chef prestigieux avait été invité pour le concert. Quand les cors commirent leurs couacs pendant la répétition, il les arrêta et les fit reprendre. Quand ils ratèrent à nouveau quelques notes, il coupa net en les fusillant du regard. "Cela ne suffira tout simplement pas" tonna-t-il d'une façon que je n'ai jamais oubliée. Sans autre commentaire. Les cors jouèrent juste – à la répétition et au concert. Ils réussirent parce que l'éminent chef d'orchestre les avait jugés capables de le faire.

Vous pouvez contribuer au succès de votre partenaire en ayant foi dans sa capacité à modifier ses comportements indésirables. De nombreuses études ont prouvé que les élèves en difficulté continuent à avoir de mauvais résultats quand leurs professeurs ne croient pas en eux. Avec des enseignants qui leur font confiance, ils parviennent plus souvent à en obtenir d'excellents.

La tentation existe de considérer que votre partenaire a cent fois prouvé qu'il ne changera pas. Nombreux sont ceux dont le message exprimé ou tacite est : "Tu n'as jamais changé et tu ne changeras jamais." Votre attitude consciente ou inconsciente quant à son aptitude à évoluer émet un message qui, pris au pied de la lettre, se transforme souvent en réalité. Quels que soient les échecs antérieurs, mieux vaut entretenir la perspective d'une évolution possible vers une prise de conscience commune.

Schémas destructeurs fréquents

Certains schémas de comportement inconscient sont très courants. Si vous en décelez dans votre relation, vous pouvez les utiliser comme points de départ pour vous entraîner à demander un changement de façon plus positive.

- *Le découragement.* Un des partenaires fait une suggestion ou formule un souhait pour l'avenir et l'autre y oppose instantanément des critiques et des objections. Ce qui décourage rapidement le premier de partager ses idées. Les sessions de remue-méninges des entreprises peuvent servir de modèle pour un autre type de réaction : toutes les idées sont d'abord accueillies pour être ensuite discutées et choisies. Devenez des alliés dans une atmosphère de sécurité émotionnelle quand l'un de vous émet une idée ou formule un souhait.
- *La rectification.* Combien de fois avons-nous tous entendu quelqu'un raconter une histoire et se faire corriger par son partenaire sur un point inexact ? La narration est interrompue sans raison valable. Martha racontait un jour à quel point elle était impressionnée par notre fils qui avait eu l'occasion de monter en ballon et en hélicoptère au cours du même mois. J'ai immédiatement rectifié en précisant qu'il ne s'agissait pas d'un mois mais de six semaines. Mon intervention totalement inutile a refroidi son enthousiasme et coupé net son élan. Heureusement, elle utilisa l'incident pour me demander d'être plus conscient de mes motivations quand j'éprouve le besoin de la corriger. J'ai

remarqué depuis que la plupart du temps, l'envie d'être "plus précis" n'apporte rien de valable – une bonne occasion de mettre en application le précepte selon lequel beaucoup de choses ne valent pas la peine d'être dites.

- *L'interruption.* Dans certaines sous-cultures comme celle que j'ai connue à New York, interrompre est considéré comme acceptable ; dans certaines autres, c'est le comble de l'impolitesse. La personne interrompue a souvent l'impression que ce qu'elle raconte n'intéresse pas son auditeur, impatient de prendre la parole pour dire quelque chose de plus passionnant. Si vous n'appréciez pas les interruptions, elles fournissent des occasions de le signaler à votre partenaire sans le blâmer. Et s'il oublie et vous interrompt à nouveau, évitez de vous mettre en colère ou de lui céder la parole. Essayez plutôt de dire gentiment : "Attends une seconde que j'aie terminé."

Une demande difficile

Simplement parce que nous sommes si proches, Martha perçoit bien des traits de mon caractère dont je ne suis pas conscient. Parce qu'elle est une femme, elle est capable d'une fine intuition là où les hommes ont tendance à être moins lucides et j'ai acquis un grand respect pour sa perspicacité. Lorsqu'elle me demande de changer, c'est en général avec beaucoup de justesse et pour une excellente raison. J'ai appris à ne pas prendre ses observations à la légère et à estimer qu'il y a de fortes chances pour que j'aie tout intérêt à examiner sa demande.

Je me rappelle particulièrement une demande qui fut pour moi très difficile à entendre. Avec mes amis masculins, nous énonçons sans ambages nos besoins personnels en partant du principe que chacun fera de même et que nous nous mettrons d'accord sans conflit. J'avais donc l'habitude de formuler mes souhaits de façon abrupte en présumant que si Martha éprouvait un besoin différent elle l'exprimerait aussi, après quoi nous pourrions négocier.

Mais les choses ne marchaient pas de cette façon. Martha avait le sentiment que trop souvent, j'imposais mon choix par mon style plus impérieux sans me soucier de ses besoins, peut-être différents. Beaucoup de femmes connaissent la même expérience avec leur compagnon.

Je déclarais bille en tête que je voulais aller dans telle station thermale pendant le week-end parce que j'avais besoin d'une profonde relaxation, par exemple. Faire front et m'indiquer qu'elle avait une réelle envie d'aller à la montagne et que nous devrions négocier n'était pas si facile pour Martha. Elle accumulait donc du ressentiment parce que par ma façon de formuler mes besoins, je semblais ne laisser aucune place à la contradiction.

Après de nombreuses tentatives infructueuses pour comprendre, j'ai finalement réalisé que face à la vigueur de mes sentiments, elle ne mentionnait jamais ce qu'elle avait envie de faire. Avec beaucoup de difficulté, j'ai opéré un changement apparemment mineur mais important : après avoir déclaré que j'ai très envie d'aller en cure thermale, je lui demande maintenant : "Et toi, qu'est-ce que tu aimerais faire ?" C'est tellement simple. Pourtant, cela fait une grande différence pour Martha qui a enfin le sentiment qu'elle n'a pas besoin de hurler pour se faire entendre.

Si vous prenez une photo intérieure chaque fois que l'un de vous fait une chose qui perturbe vraiment l'autre, vous repérerez peut-être un fil reliant les divers incidents. Un thème constant peut apparaître quand, par exemple, votre partenaire se sent blessé ou en colère. Peut-être aimeriez-vous qu'il soit conscient de ses sentiments, qu'il les formule sans blâme et exprime ce qu'il attend de vous plutôt que de se replier ou de critiquer. Nous avons constaté que de nombreux couples ont de grandes difficultés sur ce point.

Une demande fondamentale

Il y a quelques années, Martha et moi avons traversé des périodes de gros temps. Nous nous disputions trop souvent pour être heureux. Quelque chose me tournait dans la tête depuis longtemps, mais je ne parvenais pas à l'identifier.

Un jour, après une course à pieds sur un chemin de terre, j'ai réalisé que j'attendais de Martha une chose essentielle sans jamais l'avoir formulée. Je suppose que toutes les relations intimes comportent une de ces exigences fondamentales qui reste inexprimée, quelque chose de capital que nous attendons de notre partenaire et n'avons jamais demandé de façon directe et explicite.

J'avais constaté que le conflit survenait entre nous quand je tombais dans une de mes humeurs sombres de Juif russe. Je percevais alors la peur et l'inconfort de Martha et son vif désir de me sortir rapidement de cet état afin de se sentir plus à l'aise. Elle semblait se demander si j'émergerais jamais de mon abîme. J'avais remarqué qu'elle essayait alors d'arranger les choses ou d'abréger ses contacts avec moi, parfois de façon très subtile. Mais je n'éprouvais pas la sécurité qui vient du fait d'être accepté tel qu'on est par son partenaire.

Rien de tout cela n'avait jamais été assez clair pour que je l'exprime. Mais par ce beau jour d'automne dans le Vermont, j'ai demandé à Martha si elle était prête à entendre une demande qui était réellement importante pour moi.

"Je veux que tu honores et respectes mes rythmes et que tu voies la contribution positive que mon côté ténébreux apporte à ma vie. S'il te plaît, cesse de traiter cette humeur noire comme une maladie qui doit être soignée. Je veux savoir que tu acceptes que je m'y enfonce quand j'en éprouve le besoin. Je veux ton soutien pour en atteindre le fond. Je veux que tu aies foi dans ce processus et en moi. S'il te plaît, je désire de toutes mes forces que tu l'acceptes."

Martha a su m'entendre et réagir favorablement. Elle promit d'être présente à mes côtés quand je sombre dans la morosité et elle l'a fait. Et je constate sans surprise qu'avec son acceptation, j'ai moins souvent besoin de m'y engloutir.

Quand l'ego parasite un message justifié

L'intrusion du reproche dans une remarque par ailleurs justifiée est une source de problème pour de nombreux couples. Parfois, la remarque de votre partenaire naît de sa perception pénétrante de l'un de vos travers dont un aspect a touché en lui une zone sensible, de sorte que l'amour n'est plus seul à colorer son message. Ce que vous percevez alors est la combinaison du message légitime que vous avez besoin d'entendre mâtiné d'un blâme qui n'est pas justifié. Ce qui vous rend difficile d'accueillir la part de vérité que contient le message.

Bien que faire une remarque sans aménité soit certainement une erreur, c'en est une également de ne pas l'écouter uniquement parce qu'elle laisse percer un blâme. Même si votre partenaire semble enfermé dans son ego quand il vous demande un changement de comportement, une vérité qui vaut d'être examinée peut se cacher sous le blâme qu'il a laissé transparaître.

La clé pour demander

Un des meilleurs moyens d'améliorer la qualité de votre relation est d'acquérir l'art de demander ce que vous souhaitez obtenir. Ceux qui le maîtrisent se voient souvent exaucés à l'inverse des autres chez qui, au contraire, le ressentiment s'accumule au fil des années et empoisonne la relation.

Deux erreurs sont fréquentes. La première consiste à ne pas exprimer de demandes. Si vous en avez formulé dans votre enfance qui n'ont abouti qu'à des échecs et des désagréments, vous avez peut-être conclu qu'il est inutile de demander quoi que ce soit. Selon votre expérience, il n'en résulte que souffrance et frustration qu'il vaut mieux éviter en étant stoïque et résigné à ne pas voir ses besoins satisfaits.

Vous pouvez avoir d'autres raisons de n'exprimer aucune demande. Peut-être pensez-vous, par manque de générosité vis-à-vis de vous-même, ne pas mériter de voir vos besoins pris en compte ; ou peut-être nourrissez-vous l'illusion que votre partenaire devrait vous connaître assez pour deviner vos besoins sans que vous ayez besoin de les formuler. Quelle que soit votre raison, votre retenue est une garantie de frustration qui, à la longue, génère le ressentiment.

Deuxième raison, vous pouvez ne pas savoir formuler vos demandes. Le facteur principal d'une demande est son effet sur les sentiments de votre partenaire vis-à-vis de lui-même. En général, se plaindre, blâmer, critiquer ou parler sur un ton négatif, si subtil soit-il, a tendance à provoquer chez lui un sentiment de culpabilité qui le bloque et le rend moins réceptif.

Il est tentant de sous-entendre par votre demande qu'il ne fait pas assez d'efforts. J'ai remarqué que si Martha déclare sur un ton plaintif : "J'ai travaillé dur toute la journée ; ça t'ennuierait de plier le linge ? ", je commence à me sentir coupable : "Oh ! elle n'a pas arrêté une minute et je n'ai pas fait ma part." En général, j'ai tendance à résister à une telle formulation alors que je réagis plutôt positivement quand elle me dit en souriant : "Tu serais un amour si tu pliais le linge". En éliminant la plainte et le blâme, vous avez beaucoup plus de chances de susciter une réponse favorable.

Vos sentiments vis-à-vis de vous-même percent clairement à travers votre demande. Si vous vous sous-estimez, elle peut prendre un ton contrit suggérant que vous ne méritez pas d'obtenir une collaboration. Sans estime de vous-même, vous pouvez être gêné de demander franchement mais souvent, une formulation vague et indirecte provoque l'agacement et semble manipulatrice.

En revanche, une bonne estime de vous-même communique à votre demande une aisance qui entraîne l'adhésion par l'implication que vous méritez de voir vos besoins pris en compte. Bref, votre attitude vis-à-vis de vous-même a tendance à vous valoir ce que vous croyez mériter.

Soyez clairvoyant quant à la différence entre une demande et une requête. Exprimée de façon trop tranchante, une demande peut apparaître comme une requête autoritaire et la plupart d'entre nous n'y répondent pas favorablement. Certains, les hommes en particulier, réagissent de façon très négative à l'impression qu'on veut leur dicter ce qu'ils doivent faire. Un moyen de prévenir ces réactions négatives est de préciser au partenaire qu'il a parfaitement le droit de dire non. Dans une bonne relation, il est toujours aussi acceptable de formuler une demande que d'y répondre par oui ou par non.

Nous distinguons ce que nous appelons demander "paume en dessous" ou "au-dessus". La première façon évoque la main fermée et le doigt pointé du parent en colère grondant l'enfant qui s'est mal conduit. Tant chez l'enfant que chez votre partenaire, elle suscite la résistance. L'autre approche évoque la main ouverte utilisant l'index pour encourager affectueusement le petit enfant à faire ses premiers pas. Ce type de demande invite davantage la collaboration.

Les situations émotionnellement chargées constituent le test ultime dans l'art de demander. Quand vous l'aurez maîtrisé, vous pourrez faire passer ainsi votre message : "Je voudrais quelque chose dont je sais qu'il est difficile pour toi de me l'accorder. Tu n'es pas mauvais si tu me dis non et je ne suis pas mauvais parce que je te l'ai demandé. Peut-on trouver un terrain neutre pour en discuter avec amour ?"

Répondre non

Si vous répondez négativement à une demande, ne fermez pas votre cœur pour autant. Pendant des années, un schéma se répétait en certaines occasions quand Martha me demandait de faire quelque chose :

MARTHA : Tu vas en ville aujourd'hui ?
DON : Hum...
MARTHA : Cela t'ennuierait de passer à la banque pour déposer ces chèques ?
DON (bougon) : J'ai déjà tellement de choses à faire en si peu de temps. Je ne peux même pas m'occuper de mes affaires. S'il faut en plus que j'aille à la banque, ça va encore être la panique.
MARTHA : Bon, bon, oublie ça, c'était juste une question.

Inutile de préciser que ce genre d'échange nous laissait tous deux insatisfaits. Ayant appris à ne plus nous fermer le cœur sous prétexte que nous disions non, le même dialogue aujourd'hui ressemble plutôt à ce qui suit :

MARTHA : Tu vas en ville aujourd'hui ?
DON : Hum...
MARTHA : Cela t'ennuierait de passer à la banque pour déposer ces chèques ?
DON (aimable) : Je suis désolé ; j'aimerais bien te rendre service mais je n'aurai vraiment pas le temps aujourd'hui. Mais je serai heureux de le faire à la première occasion.

Il laisse chacun de nous sur un sentiment totalement différent. Le cœur reste ouvert lorsqu'on ne se sent plus obligé d'expliquer, de justifier ou de se défendre. Que ma réponse soit négative ou positive, Martha se sent respectée et aussi plus à l'aise pour demander ce qu'elle désire.

Cet exemple paraît bien banal, mais la vie quotidienne en offre des milliers de semblables. Quand chacun sait qu'il peut demander de façon aimable, qu'il mérite que ses besoins soient pris en compte, que son partenaire prendra sa demande en considération et réagira à cœur ouvert, le climat émotionnel du couple s'améliore considérablement.

La demande dictée par l'amour

Une demande faite avec amour présente plusieurs caractéristiques. Elle est :

- *Formulée au bon moment:* Si votre partenaire est bouleversé, il est peu probable qu'il soit bien disposé à vous entendre. Tenez compte de son état émotionnel quand vous soulevez un point délicat : vous y gagnerez tous les deux.
- *Franche :* Apprenez à demander franchement, sans vous excuser comme si vous étiez en tort. Au lieu de : "J'aimerais que tu me prennes plus souvent dans tes bras", essayez : "Prends-moi dans tes bras". Quand vous jouez la sécurité par peur d'être rejeté, il est plus difficile pour votre partenaire de saisir ce que vous voulez. Et évidemment, il a plus tendance à se replier quand le message manque de franchise.
- *Claire :* Une demande précise en facilite la compréhension pour votre partenaire. Théorique et générale, elle est trop vague pour être efficace. Au lieu de : "J'aimerais que tu m'aides davantage dans la cuisine", essayez plutôt : "J'aimerais que tu fasses la vaisselle deux fois par semaine".
- *Positive :* Une demande positive a plus de chances d'entraîner une réponse positive. Au lieu de : "Je veux que tu cesses de

m'ignorer et de passer tant de temps avec tes amis", essayez plutôt : "J'aimerais qu'une fois par semaine, tu passes quatre heures ininterrompues avec moi." Demandez-vous si vous trouveriez plus facile de répondre oui à cette dernière formulation.

- *Délicate :* Si votre demande inclut la perception d'un défaut de votre partenaire, soyez particulièrement attentif à sa formulation. En soulignant ses zones d'inconscience ou d'incompréhension, assurez-vous qu'il ne percevra pas votre message comme critique ou condescendant. Cela risquerait d'entamer son estime de lui-même, peut-être déjà fragile. Si vous estimez que votre partenaire pourrait mieux faire, pensez à la manière dont vous aimeriez être informé de vos propres insuffisances. Votre message doit communiquer sans ambiguïté que vous êtes conscient que comme vous, il fait de son mieux.

Voici une demande influencée par l'ego :
"Juste ciel ! Tu as vraiment été horrible hier soir. Après deux verres, tu t'es conduit comme un débile mental de deux ans. Je ne peux même pas te décrire à quel point j'étais gênée. Je veux que tu cesses de boire dans les soirées puisque tu n'es pas capable de te contrôler."

Voici la même demande faite avec amour :
"Je me sentirais beaucoup mieux si tu prenais conscience de ton comportement dans les soirées où tu bois de l'alcool. J'en ai été très gênée hier soir. J'ai eu l'impression qu'après quelques verres tu étais devenu totalement inconscient. Tu as vraiment dit et fait des choses qui ne te ressemblent pas. Ce n'est pas la première fois que cela se produit. Je respecte le fait que tu aies besoin de te détendre et de t'amuser mais j'aimerais que tu examines objectivement ce que tu fais quand tu bois de l'alcool dans une soirée."

Il n'y a rien de "mauvais" chez les gens quand ils sont inconscients ou maladroits. D'ailleurs, ils pourraient avoir des relations plus riches, plus profondes s'ils étaient plus lucides. Leur signaler leur aveuglement n'a pas besoin de se transformer en jugement : il peut suffire de les encourager à prendre conscience de leurs comportements.

Voici un autre exemple de demande affectueuse :
"J'étais triste hier soir quand tu as demandé aux enfants de ranger le désordre qu'ils avaient semé dans le séjour. Je crois que tu n'as pas réalisé que tu leur parlais sur un ton très dur, comme si tu pensais qu'ils étaient mauvais plutôt que de leur expliquer que leur comportement n'était pas acceptable. Je suis très malheureuse quand tu leur parles comme cela et tu l'as fait souvent ces temps-ci. Je sais que nous voulons tous les deux que nos enfants grandissent dans une bonne estime d'eux-mêmes. Le plus souvent, tu es un père merveilleux et je sais que tu étais tendu et contrarié hier soir. J'aimerais simplement que tu fasses plus attention au ton de ta voix quand tu leur rappelles une règle."

Réagir à la demande

Quand votre partenaire formule une demande, ne vous mettez pas immédiatement sur la défensive. Nous recommandons à nos stagiaires de traiter les demandes comme une variation de l'écoute à cœur ouvert. Quand votre partenaire déclare qu'il veut vous demander quelque chose, acceptez de l'entendre avec la même détermination à laisser votre ego à l'écart et à pratiquer le reflet et la validation.

Pour vous aider à y parvenir, prêtez attention à vos sensations corporelles et à votre respiration ; refusez la réaction instinctive de vous fermer le cœur ; souvenez-vous qu'il est toujours acceptable de faire des erreurs et que lorsque votre partenaire signale une de vos imperfections, il ne remet pas en cause votre qualité humaine.

Quand il a formulé sa demande, répétez-la pour confirmer que vous l'avez bien comprise.

Montrez-lui ensuite que vous avez bien saisi la réalité émotionnelle à l'origine de sa demande alors qu'elle pourrait vous sembler déraisonnable si vous étiez sur la défensive. Faites un véritable effort pour parler des sentiments qui ont provoqué cette demande afin de ressentir vous-même la nature de la contrariété que votre partenaire a éprouvée. Voyez quels sont ses besoins dont vous devez tenir compte. Interrogez-vous sur ses raisons possibles d'exprimer une telle demande.

En l'analysant ainsi, Martha et moi lui trouvons toujours une justification. Vous validez sa demande en montrant à votre partenaire que vous comprenez ce qui l'a motivée. Bien sûr, cela ne vous oblige absolument pas à y accéder.

Si vous n'accédez pas à la demande, soyez conscient du ton sur lequel vous exprimez votre refus. Vous connaissez le style : "Quoi ? J'espère que tu plaisantes ! Jamais je ne ferai une chose pareille !" Il provoque chez le partenaire la sensation que lui-même et sa demande ont été incompris et un ressentiment dont vous finirez inévitablement par subir les conséquences.

Réfléchissez à ce qu'il éprouverait si vous répondiez plutôt (avec vos propres mots) dans cet esprit : "Je vois bien que tu as été très contrarié et je comprends ta frustration. Bien sûr, ta demande de changement me semble raisonnable. Mais telle que tu me la présentes, je ne peux pas y souscrire parce qu'elle ne tient pas compte de mes propres besoins. Mais je suis prêt à chercher une solution qui nous convienne à tous les deux, même si nous ne la trouvons pas immédiatement." Vous aurez alors de bien meilleures chances d'aboutir à un accord satisfaisant.

Clayton et Heather ont trouvé cette approche très pratique. Ils formaient un couple, les deux travaillant, sans enfants, dans la trentaine. Clayton adorait le golf mais il se sentait coupable d'y consacrer trop de temps qui l'éloignait d'Heather. Sa solution fut de demander à Heather de jouer avec lui une fois par semaine.
Bien qu'elle l'eût aussi pratiqué, Heather n'y prenait aucun plaisir. L'ayant bien précisé, elle estima d'abord la demande déraisonnable et fut très tentée de crier qu'elle détestait le golf.
Mais plutôt que de succomber à cette tentation, elle interrogea Clayton sur ce qui motivait sa demande. En écoutant ses raisons, elle comprit que son vrai souhait était qu'ils puissent partager régulièrement une pratique sportive agréable. Elle répondit qu'elle comprenait bien ce qu'il désirait mais que, n'appréciant pas le golf, elle essaierait de trouver une autre activité qui procurerait à chacun un égal plaisir. Le ski de fond et les randonnées pédestres se révélèrent une solution qui apporta à tous deux la satisfaction recherchée.

Les différences de style

Ce sont souvent les différences de style qui font souhaiter à un membre d'un couple que l'autre soit davantage "comme lui". Fréquemment l'un est ordonné et l'autre beaucoup moins. Ce n'est pas nécessairement un problème, à moins que les ressentiments s'accumulent sur un autre point. Celui qui est ordonné accuse alors son partenaire de semer la pagaille et le moins soigneux accuse l'autre d'être maniaque et autoritaire. Quand les différences ne sont pas respectées, le conflit n'est jamais loin.

Winston et Helen avaient de profondes racines conservatrices. Âgé d'environ 65 ans, distingué, avec une belle chevelure blanche, une courtoisie naturelle et une confiance en lui dues à une éducation traditionnelle, il formait avec Helen, de cinq ans plus jeune et toujours très élégante et soignée, un beau couple qui avait appris à s'accommoder de leurs faiblesses respectives – excepté dans un domaine.

"Tu ne me dis jamais ce qui t'agace, commença Helen, et cela me rend folle. Alors pourquoi ne parlerais-tu pas en premier ?" Winston sourit. "Tu as raison, j'ai beaucoup de mal à te dire ce qui me déplaît. On m'a inculqué l'habitude de garder pour moi les sentiments désagréables. Mais quelque chose me gêne depuis des années et je pense que c'est le moment d'en parler. Tu t'emballes souvent pour toutes ces histoires de "Nouvel Âge". D'abord la cuisine macrobiotique. Puis le yoga. Ensuite le rebirth. Dès que tu découvres un nouveau centre d'intérêt, on dirait que plus rien d'autre n'existe. Il t'accapare complètement et tu veux en parler partout. Je n'ai pas d'opposition de principe, j'aime bien te voir si enthousiaste. Mais j'ai la sensation que tu ne comprends pas que je le sois moins. Beaucoup de ces choses ne m'intéressent tout simplement pas."

Helen l'interrompit avec une pointe d'acidité : "J'en suis très consciente. Si seulement tu montrais un peu plus d'intérêt au lieu d'être toujours prêt à déprécier ce que je fais ! J'ai l'impression que ton esprit est fermé à tout ce qui est nouveau. Tu lances ces remarques discrètement condescendantes à nos enfants à propos de ce qui m'intéresse et je me sens humiliée." À quoi Winston répondit : "C'est intéressant parce que je ressens exactement la même chose. Tu veux que je respecte tes sentiments tout comme je veux que tu respectes les miens. Et tu veux que je m'abstienne de subtiles dépréciations exactement comme j'attends la même chose de toi. Tu veux que je témoigne de mon respect devant les enfants." Helen répondit : "Pas seulement devant les enfants. Devant tout le monde." Winston reprit : "Je comprends. Tu veux qu'en toutes circonstances, je fasse plus attention à la manière dont je parle de tes préoccupations et que je les respecte. Je vois facilement, surtout après notre dernière session, que c'est une demande raisonnable. Je serai heureux de le faire, ma chérie."

Quand votre partenaire oublie

Les demandes de changement exigent souvent du partenaire qu'il rompe avec une habitude profondément enracinée. Il est déraisonnable d'attendre une transformation soudaine et totale. Se défaire d'un conditionnement d'une vie entière prend du temps. Parfois, votre partenaire oubliera sa bonne résolution.

Un des couples que nous avons rencontrés utilisait un signal pour se la rappeler. Marty, une programmatrice de 25 ans, plutôt timide, vivait avec Jed depuis seulement un an. Ils s'entendaient bien excepté que Jed, professeur d'anglais très populaire dans la petite université locale, avait tendance à l'éclipser en public par sa conversation brillante et spirituelle. Marcy se sentait écrasée, insignifiante, invisible. Elle lui demanda de l'écouter et de lui laisser la possibilité de placer un mot.

Jed reconnut qu'il avait tendance à monopoliser l'attention et se déclara prêt à modifier cette attitude. Marcy lui dit: "Je ne te demande pas d'être parfait sur ce point, je sais que tu oublieras parfois. Dans ce cas, serais-tu d'accord pour que je te rappelle à l'ordre? Si oui, qu'est-ce qui marcherait le mieux?" Jed proposa que Marcy lui pose alors la main sur l'épaule. Cet accord leur donna toute satisfaction et peu à peu, Jed eut de moins en moins souvent besoin de ce rappel.

Quand votre partenaire suggère un changement, vous pouvez sentir que sa demande est justifiée sans être pour autant certain de pouvoir la satisfaire. Dans ce cas, sollicitez son aide. Vous devenez alors des alliés, joignant vos forces dans le but commun de vivre mieux en devenant plus conscients de vous-mêmes.

Vous pouvez n'avoir ni le désir ni la capacité de modifier votre nature profonde, mais vous pouvez certainement transformer votre façon de l'exprimer. Ce faisant, vous pourrez découvrir des aspects plus intéressants de vous-même et devenir beaucoup plus facile à vivre. Personne n'est mieux armé pour vous aider dans cette noble tâche que le partenaire qui vous aime.

4 Donner et recevoir

Quelle qualité d'énergie dégagez-vous ?

PAR NÉCESSITÉ, NOUS AVONS INSISTÉ jusqu'ici sur la transformation souvent difficile des éléments qui perturbent la relation. Une partie plus agréable de l'intimité consiste à découvrir ensemble ce qui permet à chacune des deux parties de se sentir plus aimée et plus respectée.

Récemment, j'ai entendu parler d'une institutrice retraitée qui, au fil de sa carrière, avait rencontré les parents de centaines de ses élèves pour discerner quel type de comportement parental contribue à leur bonheur et leur équilibre. C'est celui des parents qui extériorisent leur joie de retrouver leurs enfants quand ils venaient les chercher à l'école : ces enfants-là se savaient aimés.

Vous pouvez constater quelque chose de similaire, bien que moins frappant, en téléphonant à une personne qui n'a pas eu de vos nouvelles depuis un certain temps. Si sa réaction immédiate traduit un réel plaisir de vous entendre, observez l'effet positif qu'elle a sur vous.

Il est essentiel et instructif de prendre conscience de la nature de l'énergie que nous dégageons lors d'une rencontre, qu'il s'agisse d'une personne croisée la veille ou six mois plus tôt. Quand vous retrouvez votre partenaire à la fin de la journée, votre attitude reflète-t-elle un véritable bonheur de le voir ? Imaginez la différence s'il vous communiquait régulièrement cette sensation alors que la première réaction des conjoints au retour du travail consiste souvent à se plaindre d'une journée difficile ou à s'enfermer immédiatement dans leur univers particulier. Il est bon d'exprimer et de partager les choses qui nous ont perturbés ou de protéger notre espace individuel mais en nous retrouvant, nous devrions essayer de laisser de côté nos griefs et nos besoins personnels afin de créer un climat d'affectueuse bienveillance.

La séparation pour la journée mérite elle aussi une attention particulière des conjoints. Après l'au revoir du matin, quelle est la qualité de la sensation qui persiste et tend à colorer leurs humeurs et leurs activités ? Qu'ils se séparent sur un reproche, un baiser distrait sur la joue ou un contact tendre et sincère, le même climat les accompagnera jusqu'au soir.

En visite chez nous, l'une de nos amies nous a raconté que l'agonie de son mari, récemment décédé d'un cancer, avait apporté une intense richesse à leur relation. Au cours de sa dernière année de vie, ils étaient devenus extrêmement proches. Un matin, alors que je quittais la maison, Martha, occupée dans la cuisine, m'a donné un baiser affectueux, mais distrait. Après mon départ, notre amie lui a demandé : “Si vous veniez de voir Don pour la toute dernière fois, seriez-vous satisfaite de la façon dont vous lui avez dit au revoir ?"

Une approche attentionnée

Vous rappelez-vous vos parents, quand vous étiez enfant, vous criant d'un bout à l'autre de la maison ou de l'étage au rez-de-chaussée de remédier au désordre que vous aviez semé ? Nous avons presque tous de ces souvenirs d'intrusion abrupte dans notre espace personnel ou de rupture de notre paix intérieure. Ce type d'invasion provoque en général une réaction défensive. Or nous négligeons trop souvent d'aborder notre partenaire avec délicatesse, attaquant parfois sans préavis avec une remarque qui risque fort d'apparaître comme dure et désagréable.

Le grand guide spirituel indien, Krishnamurti, déclarait que la présence d'un serpent dans une pièce nous rendrait particulièrement vigilants. Qu'arriverait-il si nous l'étions tout autant dès que nous nous trouvons en présence de notre conjoint ? Observer ce que nous ressentons quand il pénètre notre espace personnel peut nous aider à l'imaginer. Les premières secondes d'interaction donnent le *LA* de ce qui suit : soyez donc attentif quand vous abordez votre partenaire.

Que transmettez-vous à votre partenaire ?

Face à la conduite inacceptable d'un enfant, un parent habile lui fait comprendre qu'il est un *bon* garçon mais que son comportement est *mauvais.* Plus l'enfant se sent aimé et en sécurité, plus il est en mesure de recevoir ce message. Un parent moins adroit impose les limites par des reproches. Son langage corporel, le ton de sa voix et toute son attitude communiquent l'idée que l'enfant n'est pas comme il devrait être et qu'il ne mérite pas d'être aimé.

Si vous n'êtes pas satisfait des sentiments qui émanent de votre partenaire, vous devriez peut-être vous demander s'il vous arrive souvent, au fil des années, de lui sourire tendrement, de lui accorder votre attention, de manifester votre appréciation pour tout ce qu'il accomplit dans la maison, pour les bons repas cuisinés pour vous, pour l'argent gagné dans le monde souvent stressant du travail, pour vos vêtements propres et repassés... Combien de fois vous arrive-t-il de lui montrer explicitement que vous êtes heureux de le voir, heureux qu'il partage votre vie ?

Très souvent, nous ne sommes pas sensibles à la qualité de l'énergie que nous projetons vers notre partenaire. Si je suis sensible aux moindres nuances de sa voix, je dois supposer qu'il est tout aussi sensible à celles de la mienne. Je serais tellement plus heureux s'il manifestait toujours son respect, s'il pardonnait toujours mes erreurs et mes défauts, s'il reconnaissait et appréciait mes qualités. Mais est-ce ainsi que je me comporte avec lui ?

La qualité de la vie privée, heureuse ou non, repose sur les centaines de petites interactions qui composent le quotidien et vous apprendrez beaucoup en leur accordant plus d'attention.

Le fond et la forme

Nous saisissons rarement les causes véritables des difficultés qui surviennent dans l'intimité. Les partenaires en conflit ont tendance à attribuer leurs sentiments négatifs au contenu d'un événement, à ce qui a ou n'a pas été dit ou fait. En réalité, le principal échange d'énergie se fait à un niveau non verbal, beaucoup plus profond.

Sous l'échange verbal existe tout un univers de communication qui échappe généralement à notre attention. On peut le percevoir dans le regard, les muscles du visage, le ton de la voix, le langage corporel, peut-être même à un niveau vibratoire plus subtil encore. Vos réactions négatives l'un envers l'autre résultent moins des mots prononcés que de l'intuition que votre partenaire ne se soucie pas de votre bonheur. Le désaccord se teinte alors facilement d'amertume et de ressentiment ; alors que si son amour rayonnait, même les désaccords pourraient conduire vers une exploration enrichissante de vos différences respectives, plus complémentaires qu'antagonistes, et cet effort de découverte ferait de vous des alliés.

Si vous allez jusqu'au fond des sentiments dans votre relation, plongez sous la forme pour atteindre l'échange non verbal. Et surtout, sachez bien si vous soutenez ou si vous refusez l'identité de votre partenaire.

Le *message essentiel* : *soutien ou déni*

Votre expression orale recouvre un message non verbal extrêmement simple : soit vous souhaitez le bonheur de votre partenaire, vous êtes heureux qu'il existe, vous l'aimez ; soit au contraire vous n'êtes pas concerné par son bonheur, vous retenez votre amour, vous le jugez parce qu'il est inacceptablement imparfait. À tout instant passé avec lui vous émettez l'un de ces deux messages au niveau le plus primordial – à travers la présence ou l'absence de votre sourire, de douceur dans votre regard, à travers les nuances de votre voix. Au delà de votre expression verbale perce le message que vous désirez ou non le bonheur de l'autre – et c'est là l'essentiel de ce que vous communiquez.

Vous pouvez devenir sensible à ce phénomène en observant vos propres réactions intérieures à une variété de situations relationnelles. Qu'éprouvez-vous quand le pompiste vous rembarre, quand le fonctionnaire se montre désagréable, quand votre partenaire vous parle sur un ton acide ? Au contraire, c'est plus heureux et avec une sensation de plus grande vitalité que vous quittez une personne qui vous sourit et irradie la bonne volonté envers vous. En observant ces divers types de situations, vous serez sans doute surpris de constater à quel point vous êtes sensible aux nuances de l'énergie selon que les êtres sont plus ou moins bien ou mal disposés à votre égard.

Observez les nuances au quotidien

Nous voulons tous que notre partenaire nous traite avec amour et respect. Mais est-ce ainsi que nous le traitons ? Irradions-nous beaucoup d'amour sans recevoir de contrepartie ? Ou ne recevons-nous en réalité que ce que nous avons transmis ? Ceux qui ne sont pas satisfaits de leur relation doivent examiner sans complaisance les messages qu'ils diffusent, surtout de façon non verbale : ils ont de fortes chances de découvrir qu'ils ne donnent pas ce qu'ils aimeraient recevoir. Le constater est un moment de vérité.

Avant de rendre la pareille, nombre d'entre nous veulent d'abord que leur partenaire manifeste son amour. Comme dans le conflit entre Palestiniens et Israéliens ou entre ennemis traditionnels, c'est de l'autre que chacun attend la cessation des hostilités pour que puisse s'instaurer la paix. Si fréquentes que soient les occasions de prendre l'initiative, observez à quel point l'ego se refuse à faire le premier pas.

Prendre conscience des nuances est très révélateur. Si vous avez des enfants, soyez attentif au ton de votre voix quand vous leur parlez. Beaucoup de parents s'adressent à eux sans le moindre respect. En fait, certains le font presque toujours sur un ton négatif. Nombre d'entre nous ont eu des parents qui ne laissaient pas percer leur amour dans leur expression orale et nous avons pris la même habitude avec nos propres enfants, peut-être aussi avec notre partenaire.

Avec lui, laissez parler votre cœur dans les discussions les plus courantes. Votre message peut y sembler froid, agacé, légèrement réprobateur ou au contraire, plein de chaleur. Les personnes qui s'entendent ou se voient sur cassettes audio ou vidéo sont parfois choquées de découvrir à quel point l'amour rayonne peu à travers leur façon de communiquer. Nos proches peuvent s'accoutumer à notre style d'expression mais il est toujours néfaste que l'élément affectif en soit absent.

Dans une relation, chacun a son moyen favori de manifester son malaise et sa peur. Certains ont une voix pleine de colère ; d'autres rabâchent, sermonnent ou geignent ; certains deviennent sarcastiques, froids ou insensibles ; d'autres encore affectent un vernis de gentillesse. Dans tous les cas, à un niveau ou à un autre, l'absence de preuve d'amour est douloureusement ressentie par les deux partenaires.

Inutile de prendre prétexte d'un échec pour entraîner le cœur dans une autre erreur. Une atmosphère lourde ou négative entre deux personnes est une rétroaction qui invite à la réflexion. En observant comment, par notre intonation ou autre moyen non verbal, nous transmettons de façon subconsciente des messages sans amour, nous nous aidons mutuellement à devenir plus lucides vis-à-vis de nous-mêmes. Être plus conscient de ce que nous diffusons subtilement dans la vie quotidienne peut contribuer à améliorer le climat émotionnel de nos foyers.

Le ralenti instantané

La répétition que nous appelons *ralenti instantané* est un de nos moyens les plus efficaces pour y parvenir. Quand l'un de nous fait une remarque qui ne dénote ni amour ni respect, l'autre lui suggère de la répéter *au ralenti :* “Tu veux me faire un ralenti ?” La demande n'est ni agressive ni sarcastique. C'est une invitation à prendre plus globalement conscience de ce que nous venons de transmettre.

Lorsque Martha exprime cette demande, je fais une pause, je prends ma respiration puis mentalement, je repasse au ralenti non seulement les mots que j'ai prononcés mais aussi mes intonations, mon attitude corporelle et tout particulièrement, ce que j'éprouvais alors en profondeur. Invariablement, je réalise que ce que Martha désire, c'est m'entendre exprimer le même contenu mais avec le cœur et comme elle, je me sens beaucoup mieux après l'avoir fait.

Sous une remarque peu chaleureuse, je découvre parfois à l'égard de Martha un sentiment négatif bien enfoui. Parce que je n'en étais pas conscient, il a émergé indirectement. Le *ralenti* est l'occasion de le formuler de façon directe. Ce qui, autrement, se serait transformé en ressentiment devient conscient et peut être examiné et corrigé.

Le *ralenti réciproque*

Adolescent, je me suis pris de passion pour le basson. J'adorais sa capacité à exprimer la profondeur aussi bien que le comique et à passer d'une plainte presque humaine dans le registre aigu à une qualité solennelle et sépulcrale dans les notes graves. J'ai trouvé un vieux basson, j'ai appris rapidement et suis devenu un bassoniste professionnel.

Au fil de cet apprentissage, j'ai compris que pratiquer était un art en soi. Pour acquérir la maîtrise d'un instrument, il faut consacrer beaucoup de temps à répéter les passages difficiles, focaliser son attention sur ce qui se produit à l'instant précis où l'on commet une erreur. Il ne suffit pas de remplacer une note fausse par la note juste et de continuer à jouer : il faut remonter à plusieurs mesures en deçà et se concentrer sur la répétition correcte du passage tout entier. Sinon, on risque fort de reproduire la même faute.

Il en va de même dans l'apprentissage de l'intimité. Si l'on sait écouter, on peut repérer une erreur en musique tout simplement parce qu'elle ne "sonne pas bien". Dans une relation, vous pouvez aussi repérer une erreur si vous êtes capable d'entendre qu'elle ne "sonne pas bien" non plus pour aucune des deux parties. Les erreurs sont les moments où l'on s'écarte du chemin, où l'on réagit sans amour à son partenaire. Une erreur de l'un entraîne souvent une erreur de l'autre, aboutissant soit à une dispute soit à un verrouillage émotionnel.

À l'inverse des bons musiciens qui savent que les fausses notes doivent être corrigées, les partenaires intimes ont tendance à passer leur vie à répéter les mêmes fautes. Nombre d'entre nous savent très bien que la seule mention de tel ou tel sujet provoque instantanément une attitude si défensive que toute discussion devient impossible.

Ce cycle des réactions mécaniques qui détériorent les relations doit être interrompu. Bloqué dans son conditionnement, notre esprit a grand besoin de s'entraîner à établir un autre type de rapport avec ses propres erreurs.

Le ralenti réciproque est un outil qui nous a beaucoup appris sur nos rôles respectifs dans la naissance et l'entretien des sentiments négatifs. Une interaction hostile exige deux participants car il suffirait que l'un d'eux garde son cœur ouvert pour que le conflit devienne impossible. Vérifiez-le si vous avez un enfant : il peut venir vers vous bouleversé ou en colère, si vous réagissez avec amour, il n'y aura pas vraiment de conflit. Tout échange négatif comporte un point où chaque participant a oublié de garder son cœur ouvert et contribué ainsi au même vieux schéma qui laisse chacun insatisfait.

En voici un exemple : Martha et moi nous rendions de notre maison du Vermont à la côte du Maine et un ferry vers une île où nous étions attendus pour un stage. La route était longue. Je savais que

Martha désirait s'arrêter dans un restaurant bio d'Augusta dont je croyais qu'elle connaissait l'adresse. Déjà tendu, j'étais d'assez mauvaise humeur et, comme vous le verrez, je n'ai pas très bien réagi :
Don : Bon, nous sommes à Augusta. Où est ton restaurant ?
Martha : Je ne sais pas. Il faut qu'on s'arrête et qu'on se renseigne.
Don : Quoi ? Tu ne sais même pas où le trouver ?
Martha : Non. Arrêtons-nous dans une station essence et on regardera dans l'annuaire.
Don : Je pensais que tu avais l'adresse ! Tu t'imagines que je vais chercher ton restaurant dans toute cette ville que je ne connais même pas ? Tu sais que nous avons un horaire à respecter ! Nous n'avons pas le temps. Pas question de rater le ferry.
Martha : Bon ! Comme d'habitude, mes besoins ne comptent pas. Tu décides et nous faisons ce que tu veux. Je suppose qu'on peut se contenter de frites graisseuses et d'une salade fripée dans le premier boui-boui. Très bien, continue, fais comme tu veux.

Etc. Cela vous rappelle-t-il quelque chose ?

Je suppose que la lune de miel terminée, la plupart des couples connaissent ce genre de dialogue. Mais il peut être mis à profit pour vivre la relation de façon plus éclairée : au lieu de chercher une justification lorsque nous nous fermons à notre partenaire, nous pouvons "rejouer" ce type de scène dans le but de repérer le point où nous nous sommes fourvoyés. Le premier revoit au ralenti le rôle qu'il a joué en répétant ce qui, à l'origine, a déclenché la réaction négative de l'autre et ce dernier répond cette fois sans se verrouiller le cœur.

Pour que ce ralenti réciproque soit efficace, il est essentiel de laisser ses sentiments négatifs de côté. Lors de l'incident ci-dessus, j'ai effectué mon ralenti après que Martha et moi nous fûmes un peu calmés :

DON : Bon, nous sommes à Augusta. Où est ton restaurant ?
MARTHA : Je ne sais pas. Il faut qu'on s'arrête et qu'on se renseigne.
DON (après avoir d'abord respiré à fond) : Oh ! Je sens monter ma tension. Je ne connais pas cette ville. J'ai peur de m'égarer et de rater le ferry et je n'ai pas envie de conduire dans la panique en regardant ma montre. Qu'est-ce que tu en penses ?

Remarquez que je n'ai ni réprimé mon inquiétude ni déguisé mes sentiments. J'ai simplement cherché en moi un point d'où je pouvais accepter ma peur sans me laisser dominer par elle.

Dans son ralenti, Martha réussit à accueillir avec plus de compassion ma réaction de petit garçon angoissé, sans renoncer pour autant à son désir tout à fait légitime.

DON : Je pensais que tu avais l'adresse ! Tu t'imagines que je vais chercher ton restaurant dans toute cette ville que je ne connais même pas ? Tu sais que nous avons un horaire à respecter ! Nous n'avons pas le temps. Pas question de rater le ferry.
MARTHA : Je comprends, tu ne veux surtout pas de course contre la montre pour attraper le ferry. Moi non plus d'ailleurs, mais j'aimerais déjeuner correctement sans avoir à surveiller l'horloge. On peut toujours se renseigner à une station essence. Si le restaurant est trop difficile à trouver ou s'il est trop loin, je suis prête à renoncer.

Ces nouvelles réactions étaient plus faciles à accepter mais aussi plus agréables à formuler. Paradoxalement, l'agacement à l'égard de notre partenaire ne vient pas tant de son comportement vis-à-vis de nous que de notre manque de respect vis-à-vis de lui. Pourquoi alors lui en vouloir de ce que nous faisons nous-mêmes ?

Parce que notre réaction sans cœur provoque notre culpabilité. La présence même de notre partenaire nous rappelle ce que nous n'aimons pas en nous et, de ce fait, nous lui en voulons de nous y confronter. Plus nous nous conduisons mal envers lui, plus nous lui en voulons ; nous nous conduisons alors d'autant plus mal, ce qui accroît notre culpabilité. C'est le cercle vicieux type qui aboutit à un blocage émotionnel total.

Quand nous commençons à réagir à notre partenaire avec plus de cœur, la conséquence inattendue est que nous l'aimons davantage. En étant sensible à son angoisse, à sa peine, nous nous sentons meilleurs, ce qui favorise un comportement plus généreux et notre attitude s'assouplit : le cercle vicieux a été transformé.

L'*importance de la gratitude*

Reconnaître et exprimer le plus souvent possible ce que nous apprécions est un des meilleurs moyens de témoigner cette bienveillance l'un vis-à-vis de l'autre. Au contraire, nous passons tous beaucoup de temps dans l'univers de la critique et de la négativité, observant ce qui nous déplaît dans les actions de notre partenaire ou de nos proches. Une atmosphère généralement négative prévaut dans de nombreux foyers, mais c'est impressionnant de voir comment la gratitude y remédie. Elle est d'autant plus bénéfique que nos parents nous ont souvent privés d'une gratitude fréquente et sincère alors que nous désirions tellement cette appréciation de notre valeur particulière.

Certains recourent à une fausse gratitude ou une flatterie pour tenter d'acquérir une meilleure opinion d'eux-mêmes. Ne croyant pas à leur propre valeur, ils redoutent que leur partenaire, les découvrant finalement tels qu'ils sont, les quitte ou cesse de les aimer. Pour prévenir cette catastrophe, la flatterie est une stratégie visant inconsciemment à obtenir l'approbation – une flagornerie inconfortable pour les deux partenaires.

Pendant des années, j'ai eu du mal à formuler ma reconnaissance parce que je confondais la flatterie avec la véritable gratitude. Je n'ai pratiquement jamais dit à un ou une amie que je l'aimais réellement. J'éprouvais une gêne dont l'origine remonte à mon enfance où j'avais parfois observé des personnes employant la flatterie pour tenter de manipuler les autres, de leur vendre quelque chose ou d'acheter leur affection.

Ce comportement malhonnête avait choqué ma sensibilité d'enfant, m'inspirant une grande aversion et la conviction que les êtres disant des choses aimables étaient des manipulateurs ou des imposteurs. Il m'est encore difficile d'exprimer ma reconnaissance. Il m'a fallu beaucoup de temps pour découvrir que sa sincérité rayonne lorsqu'elle est dictée par l'amour et que la formuler procure alors une grande satisfaction.

J'aime être apprécié par ma partenaire. J'adore que Martha remarque mes talents de parent et reconnaisse que je suis un bon père. La prise de conscience de ce qu'il y a de meilleur en nous adoucit la mauvaise opinion que nous avons de nous-mêmes. En manifestant spontanément une authentique reconnaissance, nous pouvons nous aider mutuellement à acquérir une meilleure estime de nous-mêmes.

Les compliments sincères sont d'autant plus efficaces qu'ils sont plus spécifiques. Dire vaguement à un enfant : "Il est joli, ton dessin" est une chose. Lui dire : "J'adore la façon dont tu as dessiné ces nuages tout moelleux" a plus de chance de lui donner la sensation que son dessin est réellement *vu*. De vagues déclarations d'amour éternel à votre partenaire sont moins efficaces qu'une remarque précise et circonstanciée à tel ou tel moment.

Débarrassez-vous du fardeau du passé avant de regarder votre partenaire. Portez un regard vierge sur sa beauté, sa souffrance, ses efforts, son humanité, sa bonté fondamentale et tout ce qui lui est particulier. Accordez-vous de fréquents moments de reconnaissance mutuelle et dites ce que vous appréciez. Pour grandir, les enfants ont chaque jour besoin de se sentir valorisés ; de même, votre partenaire, tant qu'il porte la blessure d'une piètre estime de soi, peut profiter de votre reconnaissance.

Communiquez-lui
la certitude d'être aimé

Imaginez que vous établissiez pour votre partenaire la liste de ce qu'il devrait faire pour que vous vous sentiez aimé et que pour vous combler, il en tienne scrupuleusement compte chaque jour. Quelle différence cela ferait-il dans votre relation ? À quel point vous serait-il alors plus facile de pardonner ses imperfections ? Puis imaginez que votre partenaire établisse sa propre liste à votre intention.

En général, les gestes les plus simples sont les plus suivis d'effet. J'adore quand Martha me sourit, offre de me masser la nuque, prépare un de mes plats préférés, reconnaît mes efforts pour modifier une habitude désagréable, m'encourage à prendre du temps pour moi, laisse passer une erreur ou réagit à mon ego avec amour. Les petites attentions donnent le LA d'une relation et sont prodigieusement efficaces pour dissoudre la négativité.

Familiarisez-vous avec les gestes particuliers qui "marchent" avec votre partenaire et faites-vous une règle d'y recourir régulièrement. Par ailleurs, précisez-lui ce qui fait que vous vous sentez aimé. Dans une relation où chacun s'assure que l'autre se sent aimé, les difficultés se résolvent plus harmonieusement.

Être capable de recevoir

Recevoir est aussi important que donner. Nombreux sont ceux qui ont besoin d'apprendre à boucler ce cycle. Appréciés, ils ne savent comment accueillir un compliment ou le dévalorisent par une remarque péjorative sur eux-mêmes. Une autre réaction consiste à louanger la personne qui complimente ou donne une preuve d'amour alors qu'il lui serait sans doute plus agréable de voir son témoignage de gratitude simplement accepté.

Si vous avez tendance à éviter de recevoir, essayez ce qui suit la prochaine fois que quelqu'un vous exprimera sa gratitude : regardez-le dans les yeux, respirez, entrez en contact avec le meilleur de vous-même, accueillez le compliment formulé, intégrez-le totalement et dites seulement merci. Demeurez un instant dans cette sensation et prenez conscience du cycle que vous venez de compléter.

Pour apprendre à recevoir, le gros handicap est la mauvaise estime de soi. Si vous ou votre partenaire avez des difficultés à recevoir, soyez certain que des sentiments d'incompétence, de culpabilité ou de honte entrent en jeu. En nous aidant mutuellement à recevoir de bonne grâce, nous pouvons mettre en lumière et faire face à des notions profondément ancrées relatives à notre opinion de nous-mêmes.

Parfois, Martha ou moi remarquons que notre don à l'autre n'est pas effectivement reçu. Nous avons pris l'habitude de rappeler alors à notre partenaire qu'une remise à niveau dans l'art de recevoir est à l'ordre du jour. Le don est offert à nouveau et cette fois, consciemment reçu. Nous nous sommes si souvent surpris en train de détourner la joie de recevoir au lieu de l'accueillir que nous avons pris conscience de la nécessité de maintenir cet important circuit grand ouvert.

Apprendre à recevoir est un acte fondamental d'amour – de l'autre et de soi. Vous ne pouvez donner généreusement votre amour qu'en vous aimant vous-même. Développer l'aptitude à recevoir rendra votre générosité plus accomplie.

5 La peur de l'intimité

Pourquoi avons-nous peur de l'intimité ?

DANS UN COUPLE QUI STAGNE au lieu de s'épanouir, chacun blâme lui-même ou son partenaire, négligeant le fait que tout en rêvant d'intimité, ils en sont probablement tous les deux terrifiés. Une partie de nous-mêmes aspire réellement à cette intimité dont nous pressentons la grande beauté. S'ouvrir et se fondre en un autre être est un désir fondamental. Mais à ce besoin s'oppose une aversion d'égale puissance. Qu'est-ce qui se cache derrière cette partie de nous-même qui a peur de l'intimité ?

S'ouvrir signifie renoncer au contrôle et abattre ses défenses. La plupart d'entre nous redoutent de se rendre si vulnérables.

L'origine de cette crainte se trouve en général dans nos premières années.

Les tout petits enfants sont réceptifs à toutes les émotions. En général, nos parents nous aimaient mais pas toujours très adroitement. Sans doute avons-nous été privés de leur amour quand notre comportement les troublait. À un niveau très profond, nous avons reçu le pénible message que nous étions des êtres imparfaits et parfois même, que nous ne méritions pas d'être aimés.

Nos esprits en ont alors conclu qu'être ouvert aux émotions n'est pas sûr et conduit inévitablement à la douleur. Pour nous en protéger, nous avons appris à ne pas nous exposer et à ériger toutes sortes de défenses. Bref, la partie de notre être qui se rappelle les expériences douloureuses de l'enfance a de bonnes raisons d'avoir peur de l'intimité.

En général, cette peur est inconsciente. Nombre d'entre nous s'identifient à la partie d'eux-mêmes qui aspire à l'intimité et n'ont aucune conscience de l'autre. Ces deux facteurs antagonistes nous poussent à la fois à la désirer et à la redouter. Notre peur inavouée émerge indirectement chez l'adulte à travers une variété de comportements de fuite qui sont autant d'échappatoires.

Qu'est-ce qu'une échappatoire ?

Dictées par la crainte souvent inconsciente de l'intimité, les échappatoires sont les stratégies qui permettent d'éviter les relations. Elles ne sont pas "mauvaises" et méritent non pas la condamnation mais la compréhension. Lutter contre elles ne ferait d'ailleurs que les renforcer. Mieux vaut, au contraire, se familiariser avec elles. En observant comment la peur se manifeste dans votre vie quotidienne, vous la désamorcerez, limitant ainsi son effet inhibiteur sur votre relation.

De même qu'un jardin, aucune relation ne peut s'épanouir sans qu'on y consacre du temps. En éliminant les échappatoires, vous aurez plus de temps disponible pour cultiver votre jardin.

Identifiez les échappatoires

Quelle est la différence entre *fuir* et s'octroyer le temps dont chacun a légitimement besoin ? Une personne qui travaille huit heures par jour n'est pas nécessairement en train de fuir. Mais dans notre culture, sauf cas de force majeure, si elle travaille à l'excès et passe peu de temps à la maison, il est possible qu'elle utilise le travail comme une fuite. Un comportement peut être ou non une échappatoire selon qu'on y recourt ou non dans le but d'éviter l'intimité.

Est-ce une échappatoire que de prendre la porte au milieu d'une crise ? Pas nécessairement. Si, étant bouleversé, vous craignez de faire ou de dire une chose que vous regretterez ensuite, vous éloigner un moment, aller prendre l'air ou vous dépenser physiquement pour vous calmer et prendre du recul peut être une excellente idée. Il ne s'agit pas d'une échappatoire si vous revenez ensuite disposé à examiner le problème avec votre partenaire. En revanche, si vous éloigner constitue votre stratégie habituelle pour éviter de faire face aux situations de crise, il s'agit bien d'une échappatoire.

Les êtres qui vivent dans une intimité harmonieuse partagent volontiers leur temps. Par ailleurs, se nourrir hors de la relation en consacrant du temps à la solitude, aux amis, à diverses activités, au sport, au bénévolat, etc., est un besoin sain et naturel qui ne doit rien à la fuite. Au contraire, la relation s'enrichit de ce que les deux parties y apportent de l'extérieur. Éliminer les échappatoires signifie employer son temps soit dans une harmonieuse intimité, soit à la fertiliser en se nourrissant en dehors d'elle, mais jamais en la fuyant inconsciemment.

Nous insistons sur le fait que cesser de fuir ne signifie pas cesser de s'enrichir soi-même par des activités ou des contacts extérieurs. Si vous avez des doutes sur la nature de ces derniers, faites les vérifications suivantes :

- Examinez honnêtement vos motivations.
- Comparez la proportion de temps que vous passez à l'extérieur ou avec votre partenaire quand vous êtes tous les deux disponibles. Le partage est déséquilibré dans la majorité des couples malheureux.
- Imaginez que vous décidiez de passer beaucoup plus de temps avec votre partenaire. Quel serait le premier sentiment suscité (avant que les *je devrais* prennent le dessus) ? Résistance ? Peur ? Pourquoi ne passez-vous pas plus de temps ensemble ? Ceux qui fuient l'intimité se persuadent souvent qu'ils n'ont pas assez de temps pour elle.

Les échappatoires les plus fréquentes

Nous les classons en deux catégories : dans la première, toutes les choses que nous faisons pour éviter d'être ensemble ; dans la seconde, tous nos moyens d'échapper à l'intimité alors que nous sommes physiquement ensemble.

1 • Éviter de passer du temps ensemble

La télévision est l'échappatoire numéro un dans notre culture. Des millions d'heures d'intimité potentielle sont perdues parce que consacrées au tube cathodique ! Beaucoup de relations en perdition s'épanouiraient si cette porte de sortie était supprimée.

La lecture est une merveilleuse activité pour acquérir du savoir, approfondir ses vues et pour se détendre. Mais elle peut aussi être une échappatoire. Beaucoup se cachent chaque matin derrière leur journal en compagnie de leur tasse de café plutôt que de commencer la journée en établissant un contact intime. D'autres passent plus de temps à lire un roman qu'à parler à leur partenaire. Nous perdons facilement de vue à quel point nous savons peu de choses de lui alors que nous nous efforçons de rester au diapason du monde extérieur.

La liste interminable des "choses à faire" : la voiture doit être révisée, la pelouse tondue, le linge repassé... Nous avons tous une multitude de choses petites ou grandes à accomplir et jamais assez de temps pour toute la liste mais avec l'habitude, il est facile de la transformer en excuse pour éviter de communiquer. Si nous lui consacrons beaucoup de temps et très peu à notre partenaire, c'est peut-être qu'il est tentant de trouver quelque chose à faire à la cuisine ou au bureau plutôt que de confronter notre peur de l'intimité. Les obligations étant une réalité, nous vous suggérons d'inscrire le temps à passer avec votre partenaire tout en haut de la liste comme la priorité absolue.

L'alcool et les drogues sont souvent des échappatoires. C'est un vaste sujet qui dépasse le cadre de ce livre. Si vous ou votre partenaire recourez aux drogues pour éviter l'intimité ou pour quelque autre raison, nous vous recommandons vivement de vous faire aider par des professionnels.

Pour certains, manger constitue une échappatoire – non seulement à cause des fréquentes visites à la cuisine, de la fatigue due à l'excès de nourriture, mais aussi du temps et de l'énergie consacrés à sa préparation quand satisfaire le palais est devenu un substitut pour l'amour et manger plus important qu'être ensemble.

Les enfants peuvent permettre de fuir l'intimité, en particulier aux femmes. Ils ont besoin que leurs parents leur consacrent du temps et certains parents ont besoin de beaucoup de temps avec leurs enfants. Néanmoins, vérifiez la proportion entre eux et votre partenaire. Certaines femmes se tournent vers eux pour fuir les problèmes de couple. Pourtant, le manque d'intimité affecte les enfants et la perception d'un lien profond entre leurs parents les sécurise.

Le travail est pour beaucoup l'échappatoire favorite. Nous connaissons un professionnel que sa femme blâme de passer trop peu de temps avec sa famille. Exposé à sa rancœur dès qu'il rentre à la maison, il trouve évidemment des excuses pour rester plus longtemps au travail ou participer à autant de congrès ou séminaires que possible, ce qui aggrave le ressentiment de son épouse.

Les sports, surtout pour les hommes, sont une sortie de secours facile. Beaucoup donnent l'impression que la vie privée de leurs héros favoris les intéresse plus que l'univers de leur partenaire.

Enfin, quand tout le reste s'avère insuffisant, la maladie et la fatigue peuvent être les moyens ultimes de se dérober à une situation difficile.

2 • Fuir en étant physiquement présent

On peut aussi éviter l'intimité de maintes façons tout en étant physiquement présent auprès de son partenaire :

La colère n'est pas toujours une échappatoire. Elle peut être un élément légitime de l'expression personnelle. Cependant, si vous vous mettez fréquemment en colère, si vous blâmez souvent votre partenaire plutôt que d'essayer de voir les choses à travers ses yeux, peut-être s'agit-il pour vous d'un moyen de fuir l'intimité.

La dispute, la récrimination continuelles sont des attitudes courantes quand on est plus soucieux d'avoir raison que de comprendre le point de vue de l'autre.

Le déni des sentiments ou le verrouillage émotionnel, bien que plus fréquents chez les hommes, sont très répandus. Ces habitudes, généralement contractées dans l'enfance, sont des tentatives pour se fuir soi-même, pour se protéger de la culpabilité ou autre trouble pénible.

La communication purement intellectuelle est plus subtile et parfois moins facile à identifier comme une échappatoire : votre attention, toute entière concentrée sur le contenu du discours, vous permet d'échapper à la réalité émotionnelle – la vôtre et celle de votre partenaire. Votre cerveau participe, pas votre cœur. C'est une échappatoire plus fréquente chez les hommes que chez les femmes. Il existe pourtant une autre façon de communiquer où, quel que soit le sujet discuté, vous percevez la circulation de l'énergie entre vous et l'autre personne : vous parlez *et* vous communiquez aussi avec quelqu'un. De nombreuses femmes rêvent que leur mari pratique ce genre d'échange…

Les commérages et autres formes de bavardage futile ne sont pas souvent perçus comme une échappatoire. Pourtant, il est intéressant d'observer notre état d'esprit pendant que nous parlons des autres. Peut-être éprouvons-nous le besoin de détourner sur eux notre attention parce qu'être présent intimement l'un pour l'autre nous met mal à l'aise ? De temps en temps, Martha et moi nous mettons d'accord pour ne parler de personne pendant une période donnée – une semaine par exemple. Cela fait beaucoup plus de silence.

L'échappatoire suprême

Il existe un type de fuite comparable à l'océan dans lequel nagent les poissons : tellement omniprésente qu'on n'y fait plus attention. Si j'examine mon état de conscience habituel, je constate que mes pensées ne cessent d'aller et venir entre le passé et le futur. Ce monologue intérieur m'empêche d'être présent au déroulement de ma vie actuelle : le processus de la pensée est l'échappatoire suprême. Je m'observe pour voir si je suis réellement conscient tandis que je contemple le soleil couchant, que j'écoute de la musique, fais une promenade dans les bois, regarde ma partenaire dans les yeux et je m'aperçois vite qu'au cours de ces activités, *je pense* et mon attention est ailleurs. Je ne suis pas réellement présent. Parce que la pensée ne s'interrompt jamais, la plupart d'entre nous vivent rarement dans l'ici et maintenant. Nous devons en prendre conscience *(cf. chapitre 8)*.

La planification accapare souvent notre pensée. Un minimum de prévoyance est évidemment nécessaire ; mais remarquez à quel point cette anticipation est souvent la fuite mécanique d'un esprit mal à l'aise dans le présent. L'angoissé tente d'atteindre la sécurité en contrôlant l'avenir. Il y a pourtant un aspect positif dans l'acceptation délibérée de l'incertitude. Elle développe la confiance, la foi que le moment venu, quelque chose en nous saura nous dicter ce que nous devons faire.

Quand Martha et moi découvrons que nous sommes en train de nous échapper dans le futur, l'un de nous suggère que nous restions présents dans l'instant. En réintégrant l'immédiat où notre vie se déroule effectivement, nous en trouvons le spectacle, les sons, les odeurs ainsi que notre compagnonnage beaucoup plus vivides et captivants.

Parlez des échappatoires

On éprouve facilement du ressentiment en constatant que notre partenaire fuit l'intimité. Les deux façons bien connues de faire face sont, comme souvent, deux erreurs radicalement opposées. La première consiste à enfouir sa rancœur sans rien dire de crainte de créer des problèmes, ce qui ne fait que l'aggraver. La seconde façon est de se manifester à partir de cette rancune, détruisant ainsi toute possibilité de recul. Essayez plutôt de vous détacher de vos sentiments afin d'en parler sans vous laisser dominer par eux.

Nous connaissons un artiste nommé David dont la femme, Rita, passe beaucoup de temps avec ses amis et très peu avec lui. David s'est d'abord exprimé ainsi avec amertume : "Tu passes toujours des soirées formidables en compagnie de tes amis, mais tu n'as jamais envie d'en passer avec moi. Tu es tellement égoïste que tu ne penses qu'à prendre du bon temps avec eux sans attacher la moindre importance à mes propres sentiments. Souvent je me dis que je ferais mieux de vivre tout seul." Avec ce genre de récriminations, Rita n'avait évidemment pas envie de passer plus de temps avec lui.

David se laissait totalement envahir par sa rancœur sans la moindre possibilité de recul. Ce qu'il voulait exprimer ressemblait alors tellement à un verdict qu'il rendait sa souffrance sous-jacente difficile à percevoir. David avait besoin de se détacher de ses sentiments, de les examiner en les situant dans la dynamique de son couple plutôt que comme un mal que Rita lui faisait subir.

Quand il eut réussi à se placer dans cette perspective, David fut capable de transmettre un message d'une saveur très différente sans rien nier de ce qu'il éprouvait. "Rita, nous retombons toujours dans le même schéma qui me rend malade. Quand tu sors avec tes amis, je me sens d'abord exclu de tout contact intime avec toi et j'en éprouve de la rancune. Ensuite, j'ai l'impression que tu m'en veux d'essayer de limiter ta liberté et la boule de neige est lancée. Je veux que tu prennes plaisir à la compagnie de tes amis mais je veux aussi me sentir nourri par notre relation. Je ne crois pas au choix entre ceci ou cela. J'aimerais que nous trouvions ensemble un autre moyen de faire face à cette situation, même si je ne suis pas sûr de savoir comment."

Le contraste entre ces deux modes d'expression a entraîné de grands changements dans leur relation. Sans refouler ses émotions, David invite maintenant à travailler ensemble vers une solution acceptable par tous deux.

En résistant à la tentation de considérer sa partenaire comme la cause de son malheur, il cesse de véhiculer un blâme. Quand il parle de ses sentiments au lieu de les employer pour attaquer Rita, elle peut l'entendre sans se mettre sur la défensive. C'est l'amorce d'une solution.

Le chemin le moins fréquenté

Renoncer aux échappatoires est un immense défi. Nous faisons constamment face à des options plus ou moins familières et confortables ou plus risquées. L'attachement à l'habitude nous enferme et nous limite. Scott Peck l'a bien exprimé dans son livre *The Road Less Travelled* (Le chemin le moins fréquenté) : emprunter le chemin le moins fréquenté signifie avoir le courage de faire le choix le moins sûr dans l'intérêt d'une plus grande vitalité, d'un renouvellement ou de la simple vérité.

Cesser de fuir, choisir un sentier moins fréquenté est l'option la moins confortable. Mais un autre genre d'inconfort, plus insidieux, résulte du choix systématique d'échappatoires. Les sentiers battus aboutissent le plus souvent à l'ennui et la médiocrité, à une vie rétrécie par la routine, à la prison de la peur du changement.

Soyez particulièrement à l'affût des échappatoires quand l'un de vous souffre physiquement ou émotionnellement. Nombre d'entre nous sont tentés par le repli face à la maladie ou à l'angoisse – les leur ou celles de leur partenaire. Mais les moments douloureux peuvent enrichir l'intimité si vous avez l'art et le courage de créer une perspective qui rend la douleur supportable *(cf. chapitre 7)*.

Percevant l'intérêt de faire face, vous pourriez demander à votre partenaire de vous signaler quand il sent que vous êtes en train de fuir. Engagez-vous à vous observer alors sans vous mettre sur la défensive. Cette surveillance mutuelle peut entraîner des découvertes personnelles capitales en même temps qu'un approfondissement de l'intimité.

Quelles sont vos priorités ?

Nous demandons souvent aux couples s'il leur arrive de passer ensemble de longues périodes pendant lesquelles ils partagent simplement ce qui leur plaît. Les couples qui ont des problèmes se disent souvent trop occupés et, en général, leur réponse est : *rarement.*

Votre comportement résulte directement de vos priorités. Si rester en forme est une priorité absolue, vous trouverez le temps de faire de l'exercice. Si vous déclarez ne pas avoir le temps, cela signifie que pour vous, l'exercice n'est pas aussi important que lire, regarder la télévision ou quoi que ce soit d'autre.

Si vous voulez savoir quelles sont vos priorités, examinez votre emploi du temps. Il peut être très révélateur. L'intimité est-elle placée très haut sur votre liste de priorités ? Certainement pas si vous passez peu de temps avec votre partenaire.

Quels sont vos plus ardents souhaits ? Si vous étiez sur le point de mourir, souhaiteriez-vous avoir fait de meilleures affaires, vous être plus pleinement réalisé, avoir vécu d'autres expériences ? Ou voudriez-vous simplement avoir aimé davantage ? Si vous constatez que vos comportements vous empêchent de réaliser vos plus chers souhaits, vous avez fait une découverte importante. Déterminer vos vraies priorités vous permettra peut-être naturellement de recourir moins souvent à certaines échappatoires.

Passez du temps ensemble

Les instants régulièrement partagés sont indispensables à la bonne santé d'une relation. Trouvez des moments où vous êtes disponibles, où rien ne vous presse. Il faut parfois un certain temps pour que deux champs énergétiques totalement séparés se fondent l'un dans l'autre. Une heure ou deux valent mieux que rien du tout mais en général, elles ne suffisent pas pour réaliser une connexion profonde.

Nous avons remarqué que quatre heures hebdomadaires absolument ininterrompues constituent un minimum (si vous avez un bébé, vous devrez vous accommoder de périodes plus brèves et plus fréquentes). Cela signifie laisser de côté le téléphone, les enfants, les choses qui "doivent" être faites. Regarder un film ou la télévision ne compte pas ici parce que vous n'êtes pas alors réellement "ensemble". Faites une promenade tous les deux, une pause au bord d'une rivière, allez dîner au restaurant, faites l'amour, entreprenez un massage ou livrez-vous à une activité que vous partagez réellement. L'épanouissement de l'intimité exige des soins.

Si vous résistez à l'idée d'une période hebdomadaire régulière, examinez l'origine de cette résistance. Peut-être avez-vous peur qu'y soient soulevées des questions pénibles qui provoqueraient un conflit, de découvrir que vous n'aimez pas réellement votre partenaire, ou qu'il ne vous aime pas ; peut-être s'agit-il de peurs d'ordre sexuel. Ne pas vous accorder de temps ensemble n'est rien d'autre qu'un refus de faire face à ces douloureuses possibilités.

C'est la peur de ce qui pourrait se produire si vous étiez plus proches qui vous maintient à l'écart l'un de l'autre. Plus vous entretenez cette situation, plus la peur vous dit qu'il n'y a sans doute pas de solution. Avec le temps, la barrière entre vous devient de plus en plus massive et impénétrable. La difficulté est alors comparable à celle qu'on rencontre avec l'exercice physique : l'entreprendre est douloureux quand on n'a jamais pratiqué. La découverte mutuelle et le rapprochement sont difficiles lorsqu'on a vécu éloignés l'un de l'autre et ils exigent un certain courage.

Le conflit ou la stagnation dans une relation sont une invitation à l'éveil. Utilisez les merveilleuses possibilités de l'intimité pour vous aider mutuellement à la vivre plus consciemment. Supprimer les échappatoires est un pas important dans cette direction.

6 La colère

La colère est pédagogique

La colère est l'une des réalités les plus pénibles d'une relation. Quand nous examinons les couples qui finissent par se séparer, qui stagnent ou vivent dans un conflit permanent, nous découvrons inévitablement la colère, qu'elle se manifeste par des éclats ou qu'elle bouillonne sous la surface.

De tout temps, les humains ont recouru à la colère pour tenter de se débarrasser de la peur et de la douleur. Certains la retournent contre eux-mêmes, développant une énorme culpabilité, d'autres la refoulent jusqu'à la dépression et la maladie.

Bien qu'elle soit souvent perçue comme un obstacle sur la voie de la spiritualité, la colère n'est pas seulement un égarement malheureux que l'on doit supprimer. En fuyant votre colère, vous étouffez un feu intérieur. Un couple doit impérativement accepter de lui ménager une place dans sa relation pour vivre une intimité authentique.

Comme tous les traits déplaisants, la colère ne doit pas être éliminée mais épurée et transformée car elle contient en germe des éléments de grande valeur. Nous pouvons travailler avec elle comme des alchimistes, brûlant ses impuretés pour la transmuter en une énergie plus pure.

Si vous respectez ce feu intérieur, si vous essayez de le connaître et de l'assumer en accord avec vos buts les plus nobles, vous ne voudrez pas le gaspiller en l'imposant inconsidérément à votre partenaire. Chérissez-le et sachant qu'il monte du plus profond de vous-même, employez-le dans l'intérêt commun.

Apprenez à être en colère… ou à cesser d'être en colère

Nous escaladons tous la même montagne, mais nous l'abordons par différentes faces. Si votre colère éclate facilement, votre premier travail consiste à la réorienter ; si elle est refoulée, votre démarche initiale consiste à la ressentir et à avoir ensuite le courage de l'exprimer.

Certains éclatent facilement, attaquant leur partenaire et essayant de le culpabiliser. Ils se justifient souvent en invoquant son prétendu mauvais comportement, soulignant parfois que tous les sentiments sont acceptables et qu'il est hypocrite et malsain de réprimer sa colère.

Nous avons parlé de cette attitude comme de l'*erreur psychologique (cf. chapitre 1).* Il est vrai qu'il est néfaste de réprimer des émotions négatives et que la colère, comme toutes les autres, a sa valeur propre mais on ne peut justifier une colère fréquente et trouver la paix.

Ceux qui partagent cette attitude ont besoin de prendre un recul qui permette de la regarder avec objectivité. En développant un témoin intérieur qui observe leur colère, ils apprendront à cesser d'y céder de façon mécanique ; en découvrant ses racines dans leur passé, ils pourront la réorienter. Elle s'atténuera au fur et à mesure qu'ils remettront en cause les croyances et les présomptions qui sous-tendent leur habitude de blâmer les autres pour leur propre malaise ou leur souffrance.

D'autres ont peine à exprimer leur colère ou même à la ressentir. Elle demeure en eux toute leur vie, d'une part en raison de leur hérédité ou de leur conditionnement culturel, d'autre part parce qu'enfants, ils ont intégré le message qu'il est risqué de se mettre en colère. Ces personnes se le permettent rarement – si elles le font jamais. En fait, elles ignorent généralement avoir déjà éprouvé ce sentiment. De plus, elles peuvent le juger inconvenant, comme un vice répréhensible ou déraisonnable signalant un manque d'élévation d'âme. Nous reconnaissons là ce que nous avons appelé précédemment l'*erreur spirituelle (cf. chapitre 1)*, dont la correction exige un type d'effort très différent.

Si vous êtes dans ce cas, votre premier travail consiste à réaliser qu'étant humain, il vous arrive d'être en colère. Le constater peut vous être difficile si vous croyez dangereux d'éprouver de tels sentiments. Pour vous, la colère peut se limiter à une vague impression d'inconfort, d'agacement, d'irritation, de détachement ou même d'insensibilité. Vous devrez alors vous poser la question : “Se pourrait-il que je sois en colère ?”

Suggérez à votre partenaire de vous aider, s'il accepte, en vous communiquant sa perception des façons dont vous cachez votre colère. Demandez-lui s'il lui arrive de sentir que vous êtes en colère sans vous en rendre compte. Si la réponse est oui, encouragez-le à vous interroger sur ce que vous éprouvez dans ces moments-là.

Quand vous aurez commencé à prendre conscience d'être en colère, l'étape suivante consistera à créer un climat où vous pourrez prendre le risque de l'exprimer sans danger. Sinon, elle exsudera indirectement et fera sans doute d'autant plus de dégâts.

Aucune de ces deux façons erronées de gérer la colère n'est "mauvaise" en soi. Le fait qu'aucune des deux ne soit très confortable peut être considéré comme une invitation au changement. Et quelle que soit la forme du travail que vous entreprendrez, il est bon de vous mettre d'accord sur quelques points avec votre partenaire :

- Il est acceptable pour tous deux d'être en colère, bien que ce soit parfois très désagréable.
- Travailler ensemble pour éliminer certains modes d'expression de la colère qui provoquent une peine inutile.
- Explorer la colère ensemble plutôt que de supposer que si l'un des deux l'éprouve, c'est la faute de l'autre. Il faut beaucoup d'objectivité pour empêcher la colère de devenir une technique d'attaque et de culpabilisation de l'autre.

La colère venue du passé

La colère éclate souvent de façon inattendue avec une force qui semble hors de proportion avec ce qui l'a provoquée. En général, c'est qu'elle a peu de rapport avec le présent et correspond à une situation plus ancienne de votre histoire personnelle.

Dans une relation, chacun apporte son stock de vieille colère. Un jour où Martha me reprochait d'avoir sali la cuisine, j'ai éclaté en une rage dont la violence m'a stupéfait. Sa remarque avait ranimé le souvenir profondément enfoui d'une colère de mon enfance quand on m'avait grondé injustement (comme je le pensais à l'époque) pour la même raison. Mes sentiments refoulés explosèrent avec la puissance d'une énergie trop longtemps contenue et

Martha écopa de ce qui lui sembla un débordement absolument infondé. Souvent, le comportement de notre partenaire nous renvoie à des situations passées émotionnellement chargées auxquelles nos parents ou frères et sœurs ont parfois participé. C'est dans ce transfert que gît la force étonnante de certaines explosions de colère.

Notre enfance n'est pas la réserve unique de notre colère passée. Elle a parfois son origine dans nos expériences d'adultes actuelles ou antérieures à la relation présente. Quand notre partenaire a fait une chose que nous n'avons pas pardonnée, quand une de ses habitudes nous agace depuis des années, l'absence de pardon s'accumule en ressentiment. Un regard, une intonation, un simple geste peuvent déchaîner cette énergie négative dormante dont la violence inattendue peut sidérer le sujet qui en est l'objet.

Dans un couple, la colère vient moins souvent du présent que du passé et les deux partenaires doivent en découvrir l'origine en chacun d'eux pour une relation plus éclairée. Cette démarche a un double mérite.

Primo, il vous sera beaucoup plus facile d'accepter la colère qui semble s'adresser à vous si vous comprenez qu'en fait, votre partenaire se libère de vieilles émotions. Vous serez aussi moins tenté de l'accuser de réagir outre mesure, ce qui n'est jamais une réponse judicieuse à l'expression d'un sentiment.

Secundo, quand votre partenaire décharge cette violente négativité, vous pourrez l'aider si vous êtes en mesure de réorienter son attention vers la véritable source de sa colère.

Comment procéder? Un couple nous a raconté un incident qui s'était produit la veille. Nancy essayait de raconter à Dan quelque chose que leurs enfants avaient fait et qui l'avait exaspérée. Dan semblait ne pas lui prêter attention. Nancy était soudain entrée en furie, l'accusant de ne jamais l'écouter et de ne pas se soucier de ses sentiments. Familier de notre méthode de travail, Dan fut capable de l'entendre sans se défendre. Après que Nancy se fut totalement libérée de sa colère et sentie écoutée, Dan lui demanda gentiment si elle avait conscience qu'il s'agissait d'une vieille colère et si elle lui semblait familière.

En dépit de l'envie de continuer à accuser son partenaire, Nancy accepta d'y renoncer afin d'explorer son état d'esprit. Elle s'aperçut alors qu'elle venait de revivre sa rage de petite fille, furieuse que ses parents rejettent et nient constamment ses sentiments. L'apparente indifférence de Dan avait fait ressurgir cette rage longtemps enfouie.

Parce que Nancy s'était senti entendue, elle fut en mesure de retrouver et d'exprimer une partie de sa colère sans plus la diriger sur son partenaire. Elle en fut ensuite très soulagée comme on respire mieux après un bon orage. De sa négativité accumulée, Dan avait contribué à faire émerger des strates profondes de conscience. Les deux parties y gagnèrent une plus juste perception de la vraie nature de sa colère.

Plus on explore sa colère, plus on risque de découvrir que ses causes sont rarement celles qu'on imagine. Des émotions passées figées sous la surface de la conscience projettent leurs ombres sur la réalité présente. La colère est peut-être notre voix d'enfant effrayé qui se sentait impuissant.

À un niveau plus métaphysique, elle pourrait être liée à l'intuition que nous sommes coupés du Tout, prisonniers d'un corps qui nous isole en attendant de disparaître. Avec une telle croyance la peur est une présence permanente, ce qui justifie notre colère puisque notre plus profonde intuition nous dit que nous méritons mieux. Cette colère métaphysique est un NON ! retentissant au dieu qui semble décréter que nous sommes des êtres limités – une donnée inacceptable pour un esprit qui ne l'est pas.

La colère détournée

Malheureusement, la colère qui n'est ni reconnue ni exprimée refuse de disparaître. Au contraire, elle perdure dans le système où elle peut faire autant de dégâts à l'intérieur qu'à l'extérieur. Retourner son énergie contre soi-même peut provoquer maladies chroniques, dépression, culpabilité, fatigue, insomnie, "accidents" dangereux, échecs inexplicables ou autres formes d'autodestruction ou de sabotage.

Extérieurement, la colère refoulée se traduit de toutes sortes de façons obliques ou néfastes. Manifeste, elle peut être très pédagogique pour deux parties disposées à apprendre. Mais on tire plus difficilement un enseignement de la colère qui bout sous la surface et émerge indirectement sous divers déguisements.

Votre colère à l'égard de votre partenaire peut s'exprimer de maintes façons détournées. Elle vous bloque émotionnellement et sexuellement. Souvent, elle se manifeste par un comportement passif-agressif aux motivations inconscientes, un moyen de punir le partenaire en lui causant difficultés et souffrance. Les retards systématiques, les oublis, les "accidents" à répétition sont des comportements passifs-agressifs typiques. Détournée, la colère se traduit souvent par une froideur de l'intonation, par une tendance à s'appesantir sur les imperfections du partenaire au détriment de ses qualités, à être agacé par des broutilles. Quand les sentiments négatifs ne sont pas explicités, ils ressortent de mille façons obliques.

La colère détournée peut être plus difficile à supporter que celle qui s'exprime ouvertement, excepté par la violence physique. Je préfère que Martha pique une bonne colère plutôt que de la voir ruminer sa rage en silence. Manifeste, la colère est comme une blessure ouverte qui appelle des secours immédiats ; détournée, elle s'apparente davantage à une hémorragie interne qui cause beaucoup de dommages avant qu'on en perçoive les conséquences néfastes et qu'on tente d'y remédier.

Apprenez à reconnaître la colère sous toutes ses formes afin de pouvoir l'exprimer directement. Elle ménage une possibilité de vraie communication, à condition que l'autre personne soit réellement prête à l'entendre. La colère détournée envenime les relations, la colère extériorisée est libératrice. Cette libération peut concerner toute la colère accumulée et épurer ainsi le présent.

L'*escalade*

La situation où la colère d'un partenaire rend l'autre furieux est un phénomène fréquent : c'est l'escalade. Géré sans clairvoyance, ce qui commence par une simple contrariété rebondit d'un partenaire à l'autre et s'intensifie jusqu'à la crise de rage.

> *Pour en donner un exemple, Martha et moi avions rendez-vous pour assister au récital de piano de notre fils. Après avoir été en retard à quelques récents rendez-vous, elle est rentrée à la maison un peu plus tard que prévu et j'ai pensé qu'elle ne réussirait pas à être prête en temps voulu. J'en étais agacé et je l'ai manifesté indirectement en me repliant un peu sur moi-même.*
> *Cela ne plut pas à Martha. Elle avait été d'humeur très sereine et affectueuse avant de partir. Ma soudaine réserve la blessait sans raison apparente pour elle. Elle commença à en éprouver de la colère et à l'exprimer indirectement en critiquant la façon dont j'avais cuisiné un plat que nous allions emporter. Son intonation me déplut de même que son insistance sur ce que je n'avais pas fait correctement, sans considération pour le temps que j'y avais consacré en sacrifiant d'autres tâches importantes. Mon agacement s'est aggravé, j'ai commencé à crier et à lui reprocher de ne pas être prête pour notre rendez-vous.*

Martha, qui avait surveillé l'horloge et minuté son emploi du temps, devint furieuse de me voir injustement en colère et présupposant qu'elle serait en retard. À ce stade, elle commença à crier et à me juger très insuffisant comme partenaire. Ce qui avait commencé comme une perturbation mineure avait pris les proportions d'une éruption volcanique.

L'examen rétrospectif de cette escalade familière des sentiments nous fait sourire. Elle commence souvent par un regard, une remarque anodine ou une intonation subtilement négative. Mais dans un état émotionnel délicat ou stressé, l'ego aime s'emparer et faire une montagne d'un incident anodin. L'ego fragile de votre partenaire réagit de la même manière et dans la même direction. La colère de l'un justifie la colère de l'autre.

C'est une bonne occasion d'exercer plus d'objectivité. À tout moment, le plus conscient des deux pourrait interrompre l'escalade en lâchant prise et en optant pour une attitude plus aimante, en suggérant une écoute à cœur ouvert ou un retour en arrière avec ralenti mutuel.

Que faites-vous de la colère ?

Exprimer la colère à la seconde où elle apparaît n'est pas toujours une bonne idée. Tenir compte du moment est important. Prendre du recul par rapport à l'intensité de l'instant est parfois judicieux. Votre colère peut être tellement nouée, tendue et accusatrice, tellement inappropriée qu'il vaut parfois mieux se placer à bonne distance du partenaire plutôt que de dire ou faire une chose qu'on regrette ensuite. En vous éloignant, résistez à la tentation de vous juger parce que vous vous êtes mis en colère. Si inconfortable qu'elle soit, la colère est une partie valable de l'expérience humaine, une source d'informations riche d'enseignements. N'essayez pas de vous en débarrasser immédiatement. Elle peut vous aider à trouver un endroit calme pour un face-à-face avec vous-même, pour y prendre votre respiration et tirer une leçon de cette expérience.

En d'autres occasions, moins confuses et moins tumultueuses, vous voudrez peut-être partager votre colère. Voici comment apprendre à l'exprimer "proprement".

La colère pure

Étant donné la façon dont nous l'utilisons, il est compréhensible que la colère nous inspire un rejet. Pourtant, ce ne sont pas les émotions elles-mêmes qui nous isolent d'autrui mais l'usage que nous en faisons. Nous disposons de très peu de modèles pour apprendre à bien gérer la colère. Au cours d'une vie, nous avons d'innombrables occasions d'assister à ses explosions : le cœur se verrouille, on juge avec bonne conscience, l'objet du courroux est attaqué et culpabilisé. Mais il existe un autre type de colère.

Il peut arriver que la personne que vous aimez s'obstine à agir d'une façon que vous ne désirez pas tolérer. Inutile de prétendre alors que cela ne vous gène pas, inutile de masquer votre inconfort sous une fausse sérénité. Faites face au défi d'éprouver votre colère sans vous fermer le cœur. Même furieux, vous devez respecter votre partenaire.

Avez-vous jamais observé une mère compétente et efficace ? Elle peut être agacée par ses enfants, se fâcher et imposer fermement des limites d'une façon qui transmet à la fois "Je n'aime pas du tout ce que tu fais" *et* "Je t'aime, toi". Ses enfants se sentent en sécurité même quand leur maman se fâche très fort.

Mais les limites sont parfois imposées aux enfants avec moins d'adresse. Certains parents font passer un double message très différent : "Je n'aime pas du tout ce que tu fais" et en même temps "Tu es une mauvaise personne et tu ne mérites pas d'être aimé." Les enfants qui reçoivent souvent ce type de message acquièrent forcément une opinion destructrice d'eux-mêmes.

La différence entre ces deux modes d'expression est facile à percevoir. Un moyen pratique consiste à distinguer la colère "pure" et la colère "frelatée". En exprimant votre colère, il est essentiel de tenir compte de cette différence.

"Pur" et "frelaté" ne correspondent pas ici à des jugements de valeur. Avec une colère pure, vous restez aussi respectueux que possible de l'autre personne sans nier vos propres sentiments. Même forte et véhémente, la colère pure se limite à l'expression du sentiment lui-même. "Je suis vraiment furieuse quand tu ne tiens pas tes promesses." Cette déclaration décrit *mon* sentiment sans pointer un doigt accusateur ni essayer de culpabiliser mon partenaire.

"Je déteste quand tu fais cela" est une expression "pure" ; "Tu es tellement égoïste que tu te fiches de tout le monde en dehors de toi" est une expression "frelatée". Ce type de déclaration affirme que l'objet de ma colère est "mauvais" et elle s'accompagne souvent d'insultes ou de termes absolus comme "toujours" ou "jamais". La colère frelatée est une attaque verbale destinée à faire mal. Les conjoints qui l'utilisent ont l'art d'attaquer le point de vulnérabilité maximale de l'autre, provoquant une douleur et une culpabilité considérables.

La colère peut être pure au moment où elle survient et perdre son authenticité dès que l'esprit s'en empare. Elle jaillit avec son intensité propre sans grande participation mentale. Mais vous remarquerez qu'en quelques instants, cette colère pure s'évapore et change de nature. L'esprit ne peut alors l'entretenir qu'en la justifiant et en blâmant l'autre. À ce stade où elle devient mentale, elle acquiert son caractère frelaté, artificiel et beaucoup plus toxique.

Apprenez à distinguer la colère pure, spontanée et authentique du travail ultérieur de l'esprit pour la faire perdurer. La première est naturelle et sans arrière-pensées. Stimulée par le mental, la seconde s'apparente plus à l'autosatisfaction et s'exprime volontiers de façon agressive.

Si vous avez tous deux perçu l'intérêt de transformer la colère frelatée en une colère pure, vous pouvez unir vos forces pour y parvenir. Chemin faisant, vous aurez mille occasions d'affiner votre savoir-faire. Les instants qui suivent immédiatement une dispute conviennent particulièrement pour en tirer parti : "Tu as vraiment bien géré ta colère – jusqu'au point où tu m'as dit que je me fiche de ce que tu ressens. C'était vraiment un coup bas." Examinez la façon dont vous exprimez votre colère plutôt que le fait même de vous être mis en colère. Le but est plus d'éliminer l'attaque que d'essayer de ne jamais vous fâcher.

La colère pure est le moyen de communication le plus pratique et le plus efficace. Dans l'attaque, ce sont vos reproches et votre jugement qui sont perçus et leur caractère menaçant occulte le contenu de votre message. La victime d'une colère frelatée se met sur la défensive, créant une barrière imperméable à la communication. Mais au fil de votre apprentissage, vous constaterez que dans votre colère, vous pouvez ne pas perdre de vue l'amour que vous portez à votre partenaire. Vous conférerez ainsi à ce que vous désirez lui transmettre une qualité aimante qui lui rendra plus facile de se sentir accepté et d'accueillir votre message.

Utilisez votre corps

Comme toutes les émotions, la colère comporte un élément physique. Il est particulièrement important pour ceux qui désirent se libérer d'une colère longtemps accumulée, probablement plus néfaste que quoi que ce soit dans notre environnement et notre alimentation.

Pour épurer votre milieu intérieur, extériorisez la colère en éliminant sa toxicité de votre corps de façon créatrice. Vous avez peut-être déjà ressenti que lorsque vous êtes bloqué, les exercices respiratoires ou les activités physiques vigoureuses vous aident à évacuer les sentiments aigres ou figés. C'est parfois à l'issue d'une bonne course à pied que je prends conscience d'une colère auparavant refoulée.

Le yoga est un autre moyen utile. En débloquant le corps, il en dégage les canaux pour une circulation plus libre de toute votre énergie, y compris celle de vos émotions. Si vous le pratiquez un certain temps, vous vous découvrirez plus ouvert à des renvois subtils d'information émanant de l'esprit et de l'organisme. En vous rendant plus réceptif aux nuances, le yoga fait de votre corps un baromètre plus sensible à vos sentiments. Mon propre corps me signale leurs modifications par diverses réactions :

- Respiration moins profonde
- Maintien moins droit
- Tension des muscles du visage
- Contractions de l'estomac
- Tête dans les épaules
- Intonation blessante

Ne lésinez pas sur les moyens d'expulser un nœud de colère réprimée : hurlez la tête dans votre oreiller, offrez-vous une bonne crise de nerfs, boxez les coussins de votre canapé ou criez de toutes vos forces quand vous êtes seul dans votre voiture. Et pas uniquement quand vous êtes vraiment furieux mais aussi quand vous éprouvez un vague mécontentement dont vous ne situez pas réellement l'origine. Ce type d'extériorisation est particulièrement valable quand il est impossible ou inapproprié d'exprimer votre colère à votre partenaire soit parce qu'il est absent, soit parce que vous n'êtes pas certain de pouvoir faire confiance à vos réactions.

Il existe aussi toutes sortes d'exercices qui favorisent la circulation de l'énergie et sa libération. Envisagez de travailler avec un sophrologue, un thérapeute reichien ou un pratiquant de diverses thérapies visant à relâcher l'énergie. La démarche peut présenter un grand intérêt si vos tentatives antérieures pour évacuer votre colère ont échoué.

La colère qui n'est pas extériorisée s'envenime. Si l'on utilise son corps pour déplacer cette énergie, ce qui était stagnant jaillit tel un courant limpide. Vous décharger de la colère vous empêchera de devenir amer ou totalement contracté. Vous rendrez justice à votre vitalité et restaurerez votre sens des proportions en découvrant que vous pouvez gérer des sentiments puissants. Quand la colère est présente, extérioriser votre énergie de façon inoffensive est un bienfait pour votre santé et pour le bien-être de ceux qui vous entourent.

La bonne colère et les bonnes limites

Si vous avez du mal à vous mettre en colère ou si au contraire vous la refoulez, vous devez apprendre à manifester une colère salutaire. Elle est parfois la voix de l'éveil signalant une chose qui n'est plus appropriée et que vous devez refuser. Si vous n'êtes pas écouté quand vous vous exprimez avec modération, vous devez apprendre à le faire avec plus de vigueur jusqu'à ce que vous soyez entendu. La colère peut être un acte d'amour-propre, définissant la limite précise de ce que vous voulez bien accepter.

Votre colère peut rendre service à votre partenaire si son comportement inconscient reproduit des modèles nuisibles ou des défenses inflexibles que parfois, la colère est seule capable de pénétrer. Votre feu intérieur peut lui permettre d'en prendre conscience.

Ayant en général moins de force physique, les femmes ont particulièrement intérêt à être capables d'exprimer une saine colère afin d'établir des limites fermes et claires. Quand vous parviendrez à vous sentir à l'aise dans l'expression de votre colère, vous pourrez alors apprendre à la manifester à cœur ouvert. Imposer ses limites avec amour est un art qui ne s'acquiert que par la pratique. En apprenant quand et comment dire non, vous découvrirez peut-être qu'il est possible de se fâcher avec assez de bonne grâce et d'amour pour que le partenaire se sente reconnu tout en se voyant imposé une limite.

Si vous êtes le type de personne qui évite le conflit, la voix de la peur vous souffle peut-être dans certaines circonstances que vous n'avez aucun droit à la colère. C'est alors le moment de vous rappeler que lorsque les exigences de votre partenaire ne vous conviennent pas, vous lui rendez service en vous y opposant. Dites non à ce qui est nuisible pour l'un ou l'autre ou vous détourne de votre ligne de conduite personnelle. En de telles occasions, vous vous desservez ainsi que votre partenaire en omettant de lui opposer un *non* retentissant.

Nous visons tous le même but : affirmer nos propres limites sans nous fermer le cœur. Certains, naturellement plus généreux, ont besoin d'apprendre à imposer la limite appropriée dans des moments où il peut être difficile de le faire. D'autres, plus à l'aise pour imposer leurs limites, ont besoin d'apprendre à le faire sans se fermer le cœur. Dans les deux cas, le fruit de nos efforts est une rare qualité de communication dans laquelle les deux parties se sentent également respectées.

Remettez en cause les convictions à l'origine de la colère

Jusqu'ici, nous avons souligné la nécessité d'éviter ce que nous avons appelé l'*erreur spirituelle* qui condamne, réprime ou nie la colère. Mais il est essentiel de l'accepter et de l'exprimer de façon appropriée, de comprendre ses rapports avec le passé, de trouver des moyens physiques inoffensifs pour la libérer et de découvrir comment l'employer pour établir des limites idoines.

Outre l'acquisition d'une expression appropriée de la colère, une autre condition est nécessaire pour tirer de cette colère un maximum d'enseignements. Nous devons l'approcher de deux directions différentes, comme on dégage une voiture coincée en pesant sur ses deux extrémités. Tournons donc maintenant notre attention vers l'*erreur psychologique* qui justifie et encourage la colère.

La majeure partie de notre colère pourrait-elle être issue de valeurs, de croyances, de présupposés erronés ? Si c'est le cas, ils doivent être examinés. Avec plus d'objectivité, nous pourrions peut-être nous en libérer et supprimer ainsi certaines raisons de nous mettre en colère.

La lumière interrompt certaines opérations photographiques qui ne peuvent se dérouler que dans l'obscurité. L'esprit a lui aussi ses processus qui ne peuvent s'opérer en pleine lumière.

Remarquez par exemple à quel point vous vous mettez souvent en colère en blâmant votre partenaire de ne pas se montrer suffisamment aimant – autrement dit, de rester enfermé en lui-même. Notre ego a cette croyance cachée que se fermer le cœur est "mal" et mérite donc punition. Dans l'opacité de notre conscience, nous justifions donc le verrouillage de notre propre cœur en nous mettant en colère contre notre partenaire. Un tel subterfuge mental ne peut s'effectuer que dans l'obscurité du subconscient. Si nous pouvions y projeter la lumière et voir clairement ce que nous faisons, nous réagirions sans doute par un grand éclat de rire.

Une autre croyance cachée extrêmement courante nous souffle que notre partenaire est responsable de notre état d'esprit, que "c'est sa faute" quand nous souffrons. C'est une de nos plus profondes erreurs. En dépit des apparences, nous sommes totalement responsables de la qualité de notre état de conscience car nous le créons nous-mêmes par notre interprétation de la réalité. Notre colère vient souvent du fait que nous nous sentons impuissants –

vis-à-vis de nos enfants par exemple. Certains parents supplient à maintes et maintes reprises : “S’il te plaît, ne fais pas cela” jusqu’au moment où ils explosent parce que l’enfant refait la même chose pour la vingtième fois.

Si cela vous arrive parfois, examinez si vous n’êtes pas intimement convaincu d’être impuissant. Si vous aviez confiance en vous, si vous vous sentiez maître à bord quand votre enfant ne réagit pas à votre demande, vous pourriez être de plus en plus ferme jusqu’à ce que vous obteniez ce que vous exigez ; et même dans l’obligation de recourir au feu de la colère, vous n’auriez pas de raison de le faire en vous fermant le cœur.

Remarquez également si vous vous sentez impuissant pendant que vous êtes en colère. Si oui, demandez-vous si votre sentiment est provoqué par un tiers ou si en réalité, il émane d’une croyance née de votre peur.

Sarah était en colère que Frank, son mari, “ne la laisse pas” sortir plus souvent avec ses amis. En fait, la peur de Sarah lui soufflait : “Si j’affirme mon indépendance, cela mettra vraiment Frank en colère et peut-être qu’il me fera souffrir ou même qu’il me quittera. Au mieux, il se montrera moins tendre. Ce serait insupportable, je préfère me résigner à rester à la maison comme s’il était un geôlier me retenant prisonnière. Cela justifie que je sois en colère parce qu’il me prive de ma liberté.”

Même si le comportement de Frank est maladroit et basé sur la peur, il n’est pas la cause de la sensation d’être brimée éprouvée par Sarah, pas plus que de sa colère. Si elle n’était pas dominée par sa peur, elle exprimerait tous ses besoins à Frank en restant ouverte à la négociation comme une égale.

Colère et bonne conscience

La colère est souvent accompagnée de vertueuse indignation. Si vous êtes attentif, elle vous signale que vous faites fausse route. “Regardez-moi ces politiciens corrompus ! Quels hypocrites ! Cela me met vraiment en rogne !” Cette bonne conscience implique que vous, évidemment, n'êtes absolument jamais ni avide, ni égocentrique, ni inconstant, ni insensible ni quoi que ce soit qui ait motivé ce que vous venez de critiquer. Est-ce bien vrai ?

Vous pouvez éliminer cette colère bien-pensante en vous observant plus lucidement dans la vie quotidienne, extérieurement et intérieurement. Sans complaisance et sans jugement, examinez comment fonctionnent votre esprit et votre cœur, remarquez vos paroles et votre comportement et vous prendrez peut-être la mesure de votre égocentrisme. Plus vous constaterez que votre ego se manifeste par l'insensibilité à autrui, par l'inconscience, l'hypocrisie, les mots blessants, les jugements, la fermeture du cœur et l'absence de générosité, plus vous réaliserez qu'il est aussi refermé sur lui-même, aussi mesquin et vaniteux que celui des autres. Tous les ego sont du même type : tout simplement pas très jolis.

Le constater et l'admettre vous place dans une situation inconfortable. Puisque moralement, vous ne valez pas mieux que les autres, vous devez ne blâmer personne, ou blâmer tout le monde – vous y compris.

Certains croyants tels que les fondamentalistes sont en faveur du blâme généralisé : nous sommes tous des pécheurs et la justice exige que nous soyons tous condamnés et punis, à moins de nous repentir. Cette attitude justifie la colère contre soi-même et tous nos frères humains dans le péché. La culpabilité et le jugement deviennent une règle de vie.

On peut adopter un autre point de vue. Se pourrait-il simplement que nous soyons tous dans l'incertitude, la peur et le besoin de guérison ? Notre égocentrisme serait-il le produit d'un esprit prisonnier de l'illusion, se débattant dans l'ignorance et le désarroi ? Auquel cas tous les comportements basés sur la peur, le nôtre y compris, ne mériteraient qu'une réaction aimante et généreuse.

Dans une discussion rationnelle, des arguments convaincants pourraient être avancés et des autorités citées aussi bien en faveur du blâme que de la compassion. Mais notre esprit limité et conditionné n'a tout simplement pas les capacités pour accomplir ce travail. Dans ce domaine, c'est le cœur qui doit montrer le chemin.

Nous pensons qu'en l'écoutant, nous pouvons comprendre que le comportement qui a déclenché notre colère naît d'un esprit effrayé. La guérison est ici nécessaire et non la condamnation. Plus vous vous percevrez tel que vous êtes réellement dans la vie quotidienne, plus votre cœur vous poussera à renoncer à l'élément de jugement dans votre colère. Plus vous découvrez comment vos propres peurs donnent naissance à vos défaillances, à vos contradictions et à votre égocentrisme, plus vous serez réticent à blâmer votre partenaire pour ses façons personnelles de manifester sa bien humaine imperfection.

Évidemment, même après en avoir pris conscience, vous continuerez à vous mettre en colère mais vous trouverez de plus en plus difficile de la justifier. Dès que votre esprit commencera à se gonfler de vertueuse indignation face aux défauts de votre partenaire, vous vous souviendrez en même temps des vôtres et votre bonne conscience s'effondrera. Il vous sera plus facile de voir le peu de distance qui vous sépare, vous et votre partenaire, des enfants effrayés dont les comportements dictés par la peur ne méritent qu'une guidance et un pardon affectueux. Quand votre colère sera exempte de blâme, vous la percevrez davantage comme une sensation du corps et de l'esprit et vous apprendrez simplement à vivre avec elle. Débarrassée des justifications du mental, votre colère fera un pas de plus vers la transmutation en amour.

Faire face à la colère du partenaire

L'un des plus grands défis de l'intimité est d'être présent et réceptif à la colère du partenaire. Pendant de nombreuses années, j'ai été très tenté de réagir par ma propre colère lorsque Martha se fâchait contre moi. Instantanément, mon esprit cherchait alors fébrilement à lui reprocher quelque chose de pire que ma propre transgression.

Quand votre partenaire est en colère, le repli ou l'attaque sont inaptes à y porter remède et ne font que prolonger les mauvais sentiments. Mais en apprenant à écouter sans vous mettre sur la défensive, vous trouverez la solution. Elle consiste à ne considérer ni que vous êtes en tort ni que le point de vue de votre partenaire est plus valable que le vôtre. Il s'agit simplement de reconnaître qu'il a le droit d'éprouver ses sentiments et que vous pouvez peut-être tirer une leçon valable de la situation.

Cet apprentissage n'est pas facile. Lorsqu'on apprend à nager, il est bon de commencer à pratiquer en eaux calmes avant d'affronter des remous. Entraînez-vous à accepter la colère de votre partenaire quand elle n'est que légère et que ses sentiments n'ont rien de menaçant. Y parvenir à ce niveau vous aide à développer une sorte de muscle intérieur qui, petit à petit, vous permettra d'accueillir les sentiments plus violents quand ils surgiront.

Vous libérer de toute culpabilité et prendre conscience de votre propre valeur est sans doute le facteur essentiel pour vous sentir relativement à l'aise face à la colère de votre partenaire. Ce n'est qu'avec la certitude de votre propre valeur que vous pouvez entretenir dans votre esprit et votre cœur deux notions qui, auparavant, y ont rarement coexisté : *Mon partenaire est vraiment en colère ;* et : *Ce n'est pas ma faute.*

La plupart d'entre nous sont profondément convaincus de leur peu de valeur. Plus la colère du partenaire s'aggrave et plus il retient son amour, plus il semble prouver que ce très pénible sentiment de non-valeur est en effet justifié.

Observez-vous attentivement quand votre partenaire est fâché contre vous. Vous remarquerez sans doute avec quelle rapidité sa colère provoque votre défensive, signe de honte et de culpabilité sous-jacentes. Mais votre culpabilité n'est pas engendrée par la colère de votre partenaire. Elle est déjà en vous à l'état latent, et est seulement actualisée par l'attaque de votre partenaire. Par sa colère, il semble dire que vous ne valez pas d'être aimé, une notion à laquelle votre culpabilité adhère totalement. Plutôt que sa colère, c'est ce sentiment de non-valeur seul qui provoque votre malaise.

Plus vous serez conscient de votre valeur personnelle – vos défauts y compris – plus vous saurez que la colère de votre partenaire envers vous n'est pas le reflet de ce que vous êtes. Vous n'aurez donc plus aucune raison de vous mettre sur la défensive ou de le blâmer de s'être mis en colère contre vous. Vous aurez alors cessé de lui donner le pouvoir de définir votre propre valeur *(cf. chapitre 11)*.

Rappelez-vous aussi que lorsque le cœur de votre partenaire est fermé par la colère, il ne peut vous percevoir dans votre intégrité. En réalité, il n'est pas en colère contre vous, mais contre l'image de vous que son esprit a fabriquée avec des bribes et éléments du passé. En être conscient peut vous aider à abandonner vos défenses.

La colère de votre partenaire contient sans doute un double message : *primo,* vous avez agi de façon maladroite, *secundo,* vous ne méritez pas d'être aimé. Croire ces deux propositions conduit à la culpabilité ; n'en croire aucune, à un état défensif qui rend impossible d'apprendre. Il est bon de ne pas croire la deuxième proposition mais d'écouter la première sans vous défendre afin de découvrir si elle ne contient pas une part de vérité. Si vous ne la voyez pas bien, laissez votre partenaire manifester sa colère parce que vous comprenez la tension et la douleur qu'il essaie d'extérioriser. En lui permettant de l'exprimer comme vous le feriez avec amour pour un enfant, vous l'aiderez à la surmonter plus rapidement. Par ailleurs, si vous repérez une part de vérité dans sa déclaration, vous aurez appris quelque chose de valable sur la voie d'une conscience plus éclairée.

Il faut du courage pour s'entraîner à être affectueusement réceptif à la colère du partenaire mais ce travail difficile est gratifiant pour les deux membres d'un couple. S'ils parviennent à accepter sans défense la colère de l'autre, ils accéderont à un nouveau niveau de confiance. Chemin faisant, chacun construira sa capacité à accueillir et transmuter les sentiments quels qu'ils soient et une plus belle qualité de communication sera enfin possible.

7
Le rôle de la souffrance

Pourquoi nous sommes blessés

NOUS SOMMES PEU NOMBREUX à avoir grandi dans des familles où l'on pouvait éprouver et exprimer ses émotions en toute sécurité. Quand nous sommes très jeunes, nos parents nous semblent des dieux. Mais pour la plupart, nos parents ou nos modèles n'étaient pas en mesure de nous communiquer le sentiment que nous étions fondamentalement bons. À cause de leurs propres blessures, ceux qui nous ont élevés se sentaient souvent menacés par notre comportement naturel. Leur réaction était de retenir leur amour quand nos pleurs, nos colères ou notre agitation les déstabilisaient. Nous recevions alors le message verbal ou non que ces expressions de notre nature humaine étaient inacceptables. L'Autorité suprême nous informait que quelque chose en nous était foncièrement mauvais simplement parce que nous étions qui nous étions.

Il semble que dans notre culture, nous ayons beaucoup de mal à trouver une réaction positive à l'énergie exubérante des petits qui se livrent, de façon naturelle et salutaire, aux activités qui les différencient de leurs parents. "Je suis MOI, et pas TOI !" déclarent-ils pour établir leur identité. Malheureusement, cette déclaration apparaît comme une menace pour les parents qui n'ont pas appris à encourager leur enfant à éprouver ses propres sentiments tout en lui imposant des limites comportementales appropriées. C'est de là que date le début de notre souffrance.

De plus, certains parmi nous ont été blessés sur le plan émotionnel parce qu'ils ne se sentaient pas en sécurité dans leurs familles. On apprend aux enfants à avoir peur de cent façons plus ou moins grossières ou subtiles. Une mère tendue serre parfois son bébé contre elle avec plus d'irritation que d'amour. Un père troublé, mal à l'aise dans son rôle, est souvent émotionnellement indisponible. Une mère trop stressée se dispute plus souvent avec un père qui n'a pas les ressources affectives pour faire face à une diminution soudaine de l'attention de sa femme. Le droit à la vie privée de l'enfant est envahi de cent façons, sans considération pour sa dignité. Une pointe agressive dans les intonations des parents devient plus fréquente. Les reproches excèdent de beaucoup les compliments. Le plus souvent, la peur des parents est transmise aux enfants par l'atmosphère tendue du foyer qui imprime en eux l'idée que l'univers est fondamentalement un lieu où l'on n'est pas en sécurité.

Les problèmes liés à la naissance

La plupart des femmes de la génération de ma mère étaient des personnes aimantes et intelligentes. Néanmoins, elles se sont laissé imposer les étranges notions culturelles et médicales de leur époque à l'égard de la naissance : vous allez à l'hôpital et votre mari n'a rien à voir avec l'accouchement (Nous avons entendu l'histoire d'un mari qui n'avait trouvé qu'un moyen de contourner les règles rigides de l'hòpital – s'attacher à sa femme par des menottes et avaler la clé…) ; droguez-vous pour éviter d'avoir mal et, par la même occasion, perdez toute conscience du miracle qui prend place : sans protester, permettez qu'on vous enlève votre bébé, qu'il passe plusieurs jours pratiquement sans être tenu ou touché en ce moment crucial de son développement ; vous pouvez le prendre de temps à autre, mais on vous déconseille vigoureusement de l'allaiter ; quand vous rentrerez à la maison, tenez-le quelque temps et donnez-lui un biberon quand il pleure, puis reposez-le pour quatre ou cinq heures et laissez-le pleurer autant que nécessaire, faute de quoi il sera gâté ; d'ailleurs, pleurer développe les poumons.

On imagine difficilement comment une culture peut s'écarter à ce point de toute espèce de raison. Il me semble tellement bizarre aujourd'hui qu'une mère puisse admettre que son instinct le plus profond cède à la théorie que le médecin "sait mieux qu'elle". Cependant, nous sommes tous soumis à l'énorme pression du conditionnement culturel. Honnêtement, combien d'entre nous dans cette circonstance auraient eu la clairvoyance et la sagesse de s'opposer à l'idéologie dominante ? Alors qu'un petit bébé a tellement besoin d'être tenu et caressé avec amour, imaginez ce qu'il éprouve lorsqu'on le laisse crier seul dans son berceau !

De plus, le mal-être du père aggrave souvent la souffrance du bébé. Pour un nouveau-né, la taille du père équivaut à cinq à six mètres. Levez les yeux vers le toit d'une maison et imaginez un être de cette taille posant les yeux sur vous avec appréhension ou avec des sentiments négatifs ou même violents. Réfléchissez à l'effet possible sur le psychisme fragile d'un petit enfant. Ce petit enfant c'est vous, mais c'est aussi votre père.

La séparation : la blessure fondamentale

Ceux qui veulent guérir ne gagnent rien à faire des reproches à leurs parents. Personne n'est coupable de la souffrance transmise de génération en génération. Elle naît d'une erreur de perception originelle dans la conscience humaine.

À la naissance, nous sommes à l'unisson non seulement avec notre mère, mais avec tout l'univers. Nous ne savons pas encore que nous sommes séparés et différents de ce que nous percevons. Nous ne connaissons que sensation indifférenciée.

Puis assez tôt, une prise de conscience traumatisante se produit : nous commençons à nous voir séparément du reste de La Vie, comme une vague coupée de l'océan. J'aimerais suggérer que la peur profonde qui résulte de cette perception erronée crée une grande souffrance intérieure qui est la source primordiale de la douleur humaine. Repassée de parent à enfant, la blessure se répand à travers les générations comme une vague. Elle s'exprime par la peur, la dépression, la maladie et la douleur dans la psyché individuelle et dans le monde, par la famine, la guerre, la pollution ou l'exploitation. Mais il n'est pas indispensable que vous soyez d'accord sur ce point pour travailler ensemble à la guérison de vos blessures.

Seule une prise de conscience peut interrompre la transmission mécanique de la souffrance. Nous sommes ici pour projeter la lumière de la compassion sur les blessures de notre enfance afin de les utiliser pour la guérison – la nôtre et celle du monde.

La souffrance de l'enfance

Pourquoi l'intimité ranime-t-elle si souvent une douleur si ancienne ? Notre choix est peut-être une des premières raisons. Inconsciemment, nous choisissons souvent un partenaire qui fait écho aux caractères de nos parents. Ceux qui ont eu un parent alcoolique se lient souvent avec un ou une alcoolique ; ceux dont les parents étaient peu disponibles sur le plan affectif choisissent souvent un partenaire similaire. Notre subconscient utilise la relation pour reproduire des situations de l'enfance, tentant ainsi d'en guérir les blessures.

La douleur toujours vivace de l'enfance a de fortes chances de jouer un rôle majeur dans la dynamique du couple. Pratiquement tout ce qui y sera difficile ou douloureux aura un quelconque rapport avec celle de l'un ou l'autre partenaire. Ses comportements que vous détesterez le plus seront sans doute l'expression d'une blessure restée ouverte. Ceux qui n'ont pas été comblés affectivement étant enfants, par exemple, mettent souvent leur partenaire à l'épreuve pour se rassurer sur la solidité du lien affectif. Le savoir ne résout pas tous les problèmes mais peut susciter davantage de compassion et de compréhension de la part du partenaire plus stable.

Comment les blessures se conjuguent

La souffrance de l'un ravive souvent celle de l'autre. Les blessures respectives d'un couple de nos stages s'aggravaient sans cesse mutuellement.

Joan et Bill formaient un couple sympathique d'une quarantaine d'années. Joan était séduisante, intense, un peu excessive. Bill faisait contrepoids avec une attitude plus détendue qui donnait parfois l'impression de recouvrir une tension déniée. Ils venaient d'avoir une de leurs disputes habituelles et s'inquiétaient d'y déceler un schéma récurrent.

La veille au soir, ils devaient tous deux faire un appel téléphonique important. Joan suggéra que Bill appelle d'abord. Il ne put joindre son correspondant et au lieu de proposer à Joan de placer son appel, il téléphona à quelqu'un d'autre et se lança dans une assez longue conversation. Quand Joan s'en aperçut, elle piqua une véritable colère et commença à crier dès qu'il raccrocha le téléphone. Bill se replia derrière son mur, refusant d'entendre ce que Joan avait à dire parce qu'il s'estimait injustement et exagérément attaqué pour une faute qui lui semblait plutôt mineure.

Comme d'habitude, ce fut l'escalade, Joan devenant de plus en plus furieuse : "Tu savais qu'il fallait absolument que j'appelle ! Tu ne pouvais pas me donner le téléphone quand tu as vu que tu n'as pas pu joindre Fred ? J'avais plus important à faire que d'attendre la moitié de la soirée que tu aies fini ta conversation. J'en ai plus qu'assez de te voir jour après jour si attentif à tes intérêts et aussi indifférent aux miens, comme si je n'existais pas ! Je ne te comprends vraiment pas !"

Bill avait envie de prendre la fuite. "Tu ne comprends pas ? C'est moi qui ne comprends pas. Je ne vois pas pourquoi tu m'agresses continuellement comme si j'étais une espèce de monstre. Bon, j'ai eu tort, j'aurais dû te passer le téléphone, d'accord ? Mais ça n'est tout de même pas un crime et ça ne justifie pas tes hurlements. Je marche sur des œufs dans ma propre maison parce que je ne sais jamais d'où viendra le prochain assaut. Je ne sais pas si j'ai envie de vivre avec quelqu'un qui m'agresse sans arrêt pratiquement pour rien !"

"Pratiquement pour rien ? rétorqua Joan trois tons plus haut. C'est bien ça le problème avec toi, tu minimises toujours mes sentiments. Chaque fois que j'essaie de te dire ce que je ressens, tu bats en retraite derrière ton satané mur ! Je ferais aussi bien de parler toute seule... !"

C'est précisément le genre d'échange que l'écoute à cœur ouvert a pour but d'éviter. J'ai demandé à Bill et Joan si c'était là une de leurs disputes typiques et ils admirent que oui. Tous deux semblaient désireux de trouver une autre approche et ils acquirent la méthode assez rapidement.

Bill accepta d'écouter d'abord. Le seul fait d'entamer le processus modifia l'expression de son visage et son mur sembla perdre un peu de son opacité. Joan commença à partir de sa colère, racontant son histoire et terminant avec la déclaration qu'elle était en colère de ne pas être prise au sérieux.

Quand Bill commença à refléter ses déclarations, le visage de Joan s'adoucit car elle n'était pas habituée à ce qu'il soit réceptif à sa colère. Puis elle eut soudain une révélation. Elle se souvint que quand elle était enfant, elle avait souvent le sentiment que ses parents l'ignoraient ou considéraient que ses besoins ou ses désirs n'avaient pas d'importance. Le comportement de Bill avait ravivé sa vieille colère.

Bill comprenait maintenant cette colère et la valida. "Cet appel téléphonique était vraiment important pour toi. Et quand je me suis conduit comme s'il était insignifiant, c'était à nouveau la même situation qu'avec tes parents. J'ai agi comme si tu ne comptais pas et comme si tes désirs n'avaient aucune valeur. Je vois très bien que cela ait pu te rendre furieuse. En fait, je commence à être furieux contre moi-même !"

En dépit de son sérieux, Joan arbora un large sourire. Elle se sentit *validée (cf. chapitre 2)*. La tension entre elle et Bill avait disparu. Ils comprenaient tous les deux plus clairement que la charge intense derrière sa colère venait du passé. Ils avaient éclairci une zone particulièrement sensible dont ils pourraient désormais être plus conscients. Lors du stage suivant, Joan accepta d'écouter les sentiments de Bill.

Après avoir exposé son problème, il décrivit à quel point il était terrifié quand Joan se mettait à crier. Puis il eut lui aussi son moment de révélation. Sa mère se fâchait fréquemment contre lui, souvent injustement. Il se rappela que petit garçon, il ne comprenait pas ce qu'il avait pu faire qui justifiât un pareil assaut. Quand Joan avait crié après qu'il eut raccroché le téléphone, il s'était retrouvé petit garçon, en butte à une colère injuste pour "pratiquement rien".

Il était clair que découvrir la vérité les intéressait plus que de se blâmer mutuellement. Ils voyaient maintenant que leurs blessures respectives alimentaient leur conflit perpétuel. Bill perçut la source de la colère de Joan quand il ne la prenait pas au sérieux ; Joan comprit pourquoi ses éclats de colère l'épouvantaient et pourquoi il se repliait dans une zone de sécurité. Les blessures d'enfance de chacun étaient ravivées par leurs comportements respectifs et la même dispute se répétait indéfiniment.

Ayant acquis ce niveau de compréhension, Bill et Joan avaient fort à faire. La tâche de Joan consistait à faire savoir à Bill qu'elle était furieuse sans passer automatiquement à l'attaque. Elle devait prendre du recul par rapport à ses sentiments afin de pouvoir en parler sans qu'ils la submergent. Le travail personnel de Bill consistait d'abord à prendre conscience qu'il continuait à ne pas tenir compte des sentiments de Joan et ensuite, à lutter contre sa tendance à se renfermer dès qu'il se sentait mal à l'aise. Il devait être prêt à entendre la colère de Joan sans se replier, même si elle lui semblait parfois injuste. Dans de telles situations, tous deux devaient être prêts à pratiquer l'écoute à cœur ouvert. Joan et Bill devinrent vigilants à propos de leurs schémas habituels et leur prise de conscience apporta une douceur et la guérison des vieilles blessures.

Un phénomène de transfert

Les couples qui veulent guérir leurs blessures respectives doivent se familiariser à la fois avec les leurs et celles de leur partenaire de façon directe et expérimentale avec une compassion mutuelle pour les difficultés de chacun.

Explorer votre enfance peut être un voyage fascinant. Dans quelle atmosphère avez-vous grandi ? Qu'est-ce qui vous mettait en colère contre vos parents ? Qu'est-ce qui vous blessait, vous faisait peur ? Y a-t-il des périodes dont vous n'avez gardé aucun souvenir, un rapport entre ce qui vous trouble maintenant et les événements de votre enfance ?

Quand votre souffrance est hors de proportion avec ce qui l'a déclenchée (ce qui est fréquent chez la plupart d'entre nous), demandez-vous si ce que vous éprouvez alors vous semble ancien et familier. Si oui, c'est que votre histoire personnelle déforme le présent. Les événements présents, semblables aux souvenirs d'enfance, ravivent les cendres d'émotions enfouies. Nous parlons là d'un phénomène de transfert.

Le comprendre aide à explorer les vieilles blessures enfouies. L'inconscient doit devenir conscient. Il faut d'abord observer un sentiment pour s'en libérer.

Si vous en prenez calmement la mesure dans un moment de mal-être, il peut révéler son message. Il faut parfois un certain courage pour entretenir une émotion inconfortable qu'on a normalement envie de fuir. Si vous n'avez pas ce courage, vous vous trouverez tôt ou tard dans des situations difficiles.

Apprenez à prendre de la distance pour observer vos sentiments. Si vous y baignez totalement ou si vous vous identifiez à eux, il vous sera pratiquement impossible d'avoir assez de recul pour guérir. Si vous pouvez vous élever au-dessus du champ de bataille et trouver une place d'où observer l'enjeu, si vous pouvez être suffisamment lucide pour réaliser quels déclics ont été actionnés, vous cesserez d'être esclave de vos émotions et pourrez commencer à travailler avec elles *(cf. chapitre 9).*

Un de nos stagiaires l'a appris avec sa femme qui était toujours en retard. Sean était blessé quand Margaret n'arrivait pas à l'heure où elle était attendue. Même un retard de vingt minutes déclenchait en lui des sentiments très intenses. Pendant un certain temps il essaya de les contenir, ce qui ne le soulagea évidemment pas. Puis il s'autorisa à éprouver la violence de son malaise, ce qui l'aida dans une certaine mesure mais son intensité était telle que Margaret ne savait pas comment y réagir. Elle savait simplement qu'il était impossible qu'elle soit seule responsable d'une telle douleur uniquement parce qu'elle était en retard.

Sean aimait Margaret et détestait faire une tragédie d'un simple retard. Mais il se rendit compte que refouler ses sentiments n'était pas la solution. Après avoir appris à prendre du recul par rapport à eux et à explorer son passé, Sean eut une révélation. Au lieu de blâmer Margaret, il réussit un jour à faire face à son désarroi et un vieux souvenir lui revint en mémoire. Quand il était enfant, son père lui promettait toujours de passer du temps avec lui. Il l'attendait et son père ne venait pas. Sean était désespéré et se disait alors qu'il y avait en lui quelque chose de si foncièrement mauvais que son père n'avait pas envie de passer du temps avec lui. Il se rendit compte que les retards de Margaret réveillaient en lui la conviction que son père ne l'aimait pas vraiment, autrement dit, qu'il ne méritait pas d'être aimé.

Pour Margaret, la découverte de Sean confirma qu'elle n'était pas la cause de sa douleur mais seulement son déclic. Avec un peu de recul, elle pourrait maintenant l'aider davantage à guérir sa blessure. De plus, elle se rendit compte qu'en aidant son partenaire, elle pouvait s'aider elle-même en devenant plus consciente du temps et plus responsable.

Réagir à la douleur : les deux erreurs

Deux erreurs sont fréquentes en réaction à la douleur du partenaire : la première est le manque de compassion, la seconde l'absence de perspective. La plupart d'entre nous ont tendance à s'égarer dans l'un ou l'autre sens et il est utile que les deux partenaires se familiarisent avec leurs excès respectifs afin de les équilibrer.

La première erreur consiste à prendre les choses de haut, avec détachement et sans générosité. Cette attitude déclare : "Je ne suis pas responsable de ta douleur. Tu vis ta vie, je vis la mienne et si nos chemins se croisent, très bien." Elle néglige la beauté du rôle que nous pouvons jouer l'un pour l'autre et détruit les riches possibilités de guérison inhérentes à l'intimité.

Cette attitude est souvent rattachée à l'idée très Nouvel Âge déjà mentionnée que chacun est responsable de son expérience personnelle. Cette notion est faussement interprétée comme signifiant : "Si tu souffres, c'est ta faute car tu provoques ta propre douleur, pauvre idiot !" Ce qui ne risque pas d'aider. Or le sens de la responsabilité n'est pas la même chose que le blâme. Même si votre partenaire provoque sa propre douleur, il a certainement autant besoin de compassion que quiconque ; et contribuer à sa guérison est une occasion de vous guérir vous-même.

Le second type de réaction inadaptée à la souffrance de votre partenaire est de vous laisser submerger par son problème. En le traitant comme une véritable catastrophe, en vous montrant très inquiet, en tombant dans le mélodrame, vous accroissez sa peur en baignant avec complaisance dans la vôtre et vous l'entretenez dans la notion qu'il est en danger.

Vous pourrez voir plus facilement à quel point cette réponse est inadaptée en vous représentant quelqu'un réagissant à votre propre douleur par la panique et le désarroi ("Je suis terriblement inquiet pour toi."). Il y a de fortes chances pour que vous en éprouviez plus de trouble que de réconfort. En négligeant la valeur de l'enseignement qui peut être tiré de la douleur, vous substituez la pitié à la compassion. Dans votre participation au fonctionnement particulier de votre partenaire, vous prenez sa guérison en charge comme si sa responsabilité vous incombait. Vous avez oublié sa sécurité et la vôtre et vous le confirmez dans la notion que la peur est une réaction appropriée aux défis de l'existence.

Si votre partenaire est piégé dans sa propre douleur, le plus grand secours que vous pouvez lui apporter est de ne pas vous laisser hypnotiser et aspirer comme lui dans ce vortex. Rappelez-vous que même si aucun de vous n'en a conscience, un processus de guérison est alors en train de prendre place. C'est un moment où votre partenaire a besoin d'être sûr que l'aide qu'il reçoit est appropriée.

Quelle impression faites-vous si vous n'êtes ni détaché et condescendant, ni perturbé et pris de panique ? Pour vous en faire une idée, imaginez comment vous agiriez avec un enfant qui vient de faire un cauchemar. D'une part, vous ne lui feriez pas un cours magistral sur l'irréalité des rêves, d'autre part, vous n'aggraveriez pas sa peur en vous laissant bouleverser par le contenu de son rêve. Avec plus de réalisme, vous serrerez l'enfant dans vos bras, conscient que pour lui, la frayeur inspirée par le cauchemar est très réelle. En même temps, votre langage corporel et votre attitude détendue devront lui faire sentir de façon très nette qu'il n'est pas en danger.

Donner une sensation de sécurité est le secours le plus positif qu'on puisse apporter à un enfant effrayé. C'est aussi le plus précieux que vous puissiez offrir à votre partenaire quand il souffre. Tout en témoignant de la compassion pour sa douleur plutôt que de la nier au nom d'un idéal spirituel éthéré, communiquez profondément que tout va bien par le contact, par votre sourire, votre intonation et l'expression de votre regard. La transmission du sentiment de sécurité dépend du vôtre. Si vous l'éprouvez, votre attitude sera plus réparatrice que vos paroles. Pour favoriser la guérison des blessures de votre partenaire, l'essentiel est de lui faire sentir que dans sa relation avec vous, il est en sécurité.

Faut-il se libérer du passé ?

Que se passe-t-il quand un traumatisme antérieur interfère avec le présent ?

Conrad et Anna se sont inscrits à l'un de nos stages avec un problème classique : des années plus tôt, Conrad avait trompé Anna. Elle en avait été tellement dévastée qu'elle ne parvenait pas à se défaire de sa douleur et de sa colère. Dès qu'elle était fâchée contre Conrad, elle rappelait l'incident, manifestant sa sensation qu'il n'avait pas été résolu. Conrad, qui avait présenté des excuses sincères à plusieurs reprises, demandait maintenant à Anna de cesser de ressasser le passé et de commencer à vivre le présent.

L'attitude de chacun a sa justification. Il est naturel qu'Anna veuille être comprise et soulagée de sa blessure et de sa colère. Mais elle doit voir qu'éternellement jouer la victime blessée et faire de son partenaire le vilain de l'histoire ne résoudra jamais le problème. Elle doit communiquer à Conrad qu'en dépit de ses sentiments violents, elle ne veut pas les employer pour l'attaquer chaque fois qu'il la contrarie et qu'elle est prête à faire des efforts pour se libérer de ces sentiments et lui pardonner.

Il est également naturel que Conrad veuille être pardonné afin que l'ombre du passé cesse d'assombrir le présent. Mais il doit réaliser que les problèmes émotionnellement très chargés exigent de la patience, de la persévérance et la capacité d'écouter sans se mettre sur la défensive. Il doit communiquer à Anna qu'il peut accueillir tous ses sentiments, qu'il est conscient que la résolution de certains problèmes exige du temps et qu'il veut bien avoir la patience de lui accorder celui dont elle a besoin.

Exprimer sa douleur “à froid” lors de l’atelier a été bénéfique pour Anna. Demandant à Conrad de pratiquer l’écoute à cœur ouvert, elle se concentra sur l’expression de ce qu’elle ressentait en évitant d’attaquer et de blâmer. Tandis que son partenaire l’écoutait sans se défendre, elle constata que des strates plus profondes pouvaient émerger en toute sécurité. Conrad put valider ses sentiments à un autre niveau et ils firent un grand pas vers la résolution d’un problème majeur. Sans être totalement soulagée, elle perçut la sagesse de prendre du recul pendant un certain temps et de ne pas soulever sans cesse ce même incident dès qu’elle était blessée ou en colère. D’un commun accord, ils décidèrent de travailler à accroître leur confiance réciproque dans d’autres domaines de leur relation et de refaire un stage un peu plus tard.

Des *blessures propres*

Les blessures physiques et psychologiques sont semblables. La guérison d’une simple coupure est un petit miracle. Apparemment dirigée par une grande intelligence interne, elle se poursuit aussi longtemps que la blessure reste propre. Elle ne s’accomplira pas si vous couvrez la blessure de saletés.

Une guérison psychologique naturelle prendra place si vous apprenez à écarter de votre blessure toutes les impuretés telles que le blâme et le jugement qui envahissent journellement notre conscience. Vous l’infectez en étant dur avec vous-même ou votre partenaire tant à cause de votre souffrance que de vos tentatives maladroites pour vous en débarrasser. Compte tenu de notre propension à juger, il n’est pas surprenant que nos blessures aient tant de mal à guérir. Elles en auraient beaucoup moins si les partenaires apprenaient ensemble à les purifier.

Notre cœur reste ouvert tant que notre esprit ne le verrouille pas. Préserver la propreté de la blessure signifie choisir de ne pas croire notre esprit qui nous souffle toutes sortes de raisons de nous fermer le cœur, de ressasser des jugements et des ressentiments, de refuser le pardon ; cela signifie avoir le courage de vivre la douleur sans la fuir – la vôtre et celle de votre partenaire – et avoir confiance en une forme d'intelligence intérieure qui, en l'absence d'interférence, peut être facteur de guérison.

Stanley et Eve ont participé à un de nos stages. Stanley avait environ vingt-cinq ans et un comportement aimable. Eve, longs cheveux bruns et jupe froncée multicolore, avait un air sérieux. Quand ils entreprirent une écoute à cœur ouvert, il devint clair qu'inconsciemment, ils avaient accumulé les impuretés sur leurs blessures.
Les difficultés d'Eve étaient centrées sur le comportement de Stanley avec Tracy, leur enfant de deux ans. Il avait l'habitude de l'attraper et de la soulever brusquement. Elle trouvait qu'en dépit de ses bonnes intentions, Stanley se montrait insensible et manipulait trop leur petite fille comme "un objet". Cela ravivait de très désagréables souvenirs de son enfance où elle s'était senti traitée de la même manière. Elle prenait son rôle de mère très au sérieux et jugeait sévèrement son mari de ne pas être plus responsable avec leur fille.
Stanley était lui aussi agacé par une habitude d'Eve. Quand il lui parlait, elle détournait soudain son attention pour la reporter sur leur fille sans prendre conscience de ce qu'il éprouvait alors. Il avait l'impression que pour Eve, l'importance de Tracy dépassait de beaucoup la sienne. Cela réveillait aussi en lui une blessure de son enfance où il s'était senti invisible au sein de sa famille. Sa peine se transformait souvent en jugement. Il finit par reprocher à Eve de jouer son rôle de mère avec trop de zèle et d'être trop attentive à leur fille et pas assez à lui.
Plus il jugeait Eve, plus elle réagissait en reportant son attention sur Tracy. Et quand elle reprochait à Steve de ne pas être un père

plus sensible, il était d'autant moins capable d'être réceptif au besoin de sensibilité d'Eve.
Quand ils eurent tous deux pris conscience de ce qu'ils faisaient, chacun comprit la tâche qui l'attendait. Stanley assura Eve qu'il était prêt à chercher des moyens de se montrer plus attentif avec leur fille. Eve promit à Stanley de s'appliquer à être plus attentionnée avec lui. Afin de guérir leur blessure, ils avaient tous deux choisi de cesser de la salir.

Soyez présent à vous-même avec amour

Aider son conjoint à guérir n'a de sens qu'à condition de travailler à se guérir soi-même. Si différentes que semblent les blessures, toutes exigent le même travail. Pour parler simplement, nous devons apprendre à être présents à nous-même avec compassion au sein même de notre souffrance, ce qui est sans doute un défi majeur *(cf. chapitre 11).*

Peut-être luttez-vous avec un sentiment de vide et de frustration affective parce que vous avez été ou vous êtes senti abandonné dans votre enfance par des parents n'ont pas su vous montrer toute l'affection dont vous aviez besoin ; peut-être avez longtemps pensé que vous n'aviez pas été aimé selon votre mérite et votre besoin et que vous êtes définitivement handicapé par vos problèmes émotionnels et appauvri sur le plan spirituel.

Mais vous pouvez situer ces faits sous un autre éclairage : vous n'avez pas été aimé selon vos mérites et vos besoins, mais cette souffrance vous a enseigné l'immense importance d'une attention affectueuse. En conséquence, vous êtes particulièrement prêt à aimer et être aimé.

Quand vous vous sentez triste et frustré, considérez cela comme le signal que l'enfant blessé en vous a besoin de soutien et que vous devez prendre soin de vous. Si vous sentez monter la colère vis-à-vis de vos parents, comprenez non pas qu'ils méritent d'être blâmés mais que votre feu intérieur brûle vos vieux schémas erronés afin que vous trouviez en vous-même le parent que vous avez toujours désiré.

Tout engagement affectif comporte sa propre discipline. Engagez-vous à être présent à votre propre souffrance et chaque fois que vous sentez l'ombre d'une vieille douleur, percevez-la comme un appel du plus profond de votre cœur. Alors l'enfant blessé en vous recevra enfin la tendre attention dont il a eu tant besoin.

Qu'attendez-vous de votre partenaire ?

Quand vous commencerez à identifier vos propres blessures, votre partenaire percevra autrement votre demande d'aide puisqu'elle ne sous-entendra plus qu'il est responsable de votre guérison. Et il pourra d'autant mieux vous aider que vous aurez une idée plus précise de vos besoins quand vos blessures affectives se manifesteront.

Nombre d'entre nous, surtout parmi les hommes, croient que souffrir rend indisponible sur le plan émotionnel. Ce n'est pas forcément exact, même si tout vous semble avoir toujours prouvé qu'il est dangereux d'être ouvert à autrui. Mais il est vrai que lorsqu'on souffre, il faut un courage particulier pour s'ouvrir à son partenaire.

Quand l'une de vos vieilles blessures vous tourmente, quelle attitude votre partenaire devrait-il adopter pour vous aider ? Interrogez-vous sur le comportement qui vous rassurerait le plus lorsque vous êtes blessé, en colère ou replié sur vous-même.

Petit à petit, vous trouverez des réponses. Pour sortir de vous-même, vous éprouverez parfois un grand besoin de solitude, parfois d'être cajolé comme un enfant, parfois d'être entendu, peut-être écouté à cœur ouvert. En certaines occasions, l'humour et la légèreté pourraient être appropriés ; et parfois, vous aurez besoin d'être rassuré de façon très spécifique.

Nous avons reçu un couple qui connaissait des difficultés financières. Jim avait renoncé à son travail de quincaillier qu'il trouvait peu gratifiant. Kathy avait choisi de rester à la maison pour élever leurs quatre enfants. Tandis que fondaient leurs économies, Jim s'était aventuré sans conviction dans plusieurs projets qui avaient échoué. Kathy devint très tendue tandis que le solde de leur compte bancaire approchait du zéro. En fait, beaucoup de comportements de Jim auxquels elle n'avait jamais prêté attention lui devinrent insupportables et elle commença à s'en prendre de plus en plus souvent à lui et aux enfants.

Quand elle expliqua à Jim qu'elle était terrifiée de voir s'épuiser leurs économies, il répondit qu'ils traversaient un moment où la confiance mutuelle était cruciale et que tout s'arrangerait si elle parvenait à ne plus avoir peur. Excellente remarque mais inopérante avec Kathy qu'un avis d'une telle spiritualité ne fit qu'exaspérer davantage. Quelque chose manquait dans la réponse de Jim. Dans son enfance, Kathy avait souvent entendu ses parents discuter avec inquiétude de leur situation financière. La sienne réveillait son sentiment d'insécurité de petite fille. Ce dont elle avait le plus besoin était une présence forte et rassurante, un sentiment profond de sécurité.

Le premier travail de Jim consistait à écouter Kathy exprimer sa peur de se retrouver sans argent, à la refléter et la valider. Mais il devait aussi la convaincre qu'il était conscient de ses responsabilités vis-à-vis de sa famille et s'engager à assurer la satisfaction de tous ses besoins fondamentaux. En percevant sa sincérité, Kathy parvint à se détendre profondément et son comportement avec sa famille s'assouplit.

Les deux partenaires doivent s'allier pour aider celui qui souffre à se sentir rassuré. Ce dernier doit s'interroger sur ce qui lui est le plus nécessaire pour y parvenir. Son partenaire peut lui demander quel serait le réconfort le plus efficace qu'il pourrait apporter.

Découvrir les meilleurs moyens de soulager les blessures de votre partenaire est un art qui peut s'affiner au fil des années. Ne manquez jamais de valider ses sentiments avant de lui offrir votre réconfort.

L'une de ses formes les plus opérantes n'exige aucune parole. Parfois, votre partenaire est tellement malheureux, sa perception si brouillée, son esprit si troublé que les mots ne sont d'aucun secours.

Quand je me trouve dans cet état, Martha me serre contre elle comme un petit enfant et je plonge alors plus profondément dans mes émotions. Nous restons d'abord silencieux, puis, quand je me sens plus détendu et rassuré, j'extériorise parfois mes sentiments. Être ainsi tenu peut puissamment contribuer à révéler de vieilles blessures.

Informez votre partenaire de vos besoins

Quand l'introspection vous a fait découvrir ce dont vous avez le plus besoin pour guérir, informez-en votre partenaire. Expliquez-lui que lorsque vous devenez distant (ou critique, maussade, moralisateur ou autre), c'est que votre enfant intérieur effrayé attend quelque chose de lui et si vous pouvez, soyez spécifique quant à ces besoins. Peut-être pourrez-vous, par la même occasion, aider votre partenaire à conduire sa propre exploration des besoins de l'enfant blessé en lui.

C'est ce que fit notre ami George avec sa femme Teri. Un soir après dîner, Teri devint soudain distante. George venait de suggérer qu'ils invitent de nouveaux amis à se joindre à une randonnée qu'ils avaient programmée. La demande lui semblait anodine et il fut surpris par son repli inattendu. Il se replia lui aussi et ils allèrent se coucher sur la réserve.

Le lendemain, George s'informa de ce qu'il pouvait faire quand Teri se refermait ainsi. Dans ce cas particulier, elle avait d'abord besoin que George l'écoute. Il s'avéra que la veille, elle avait pensé qu'il privilégiait les activités extérieures et les amis au détriment de leur intimité et avait voulu la limiter en y mêlant des tiers. Blessée par ce qui lui avait semblé un manque d'attention et effrayée de ne jamais l'obtenir, la petite fille en Teri avait réagi par la bouderie et le repli sur soi.
Grâce à l'intérêt de George, elle pouvait maintenant toucher du doigt ce qui avait été inconscient la veille et le partager. Quand il l'eut entendue, Teri réalisa qu'elle avait besoin d'être rassurée quant au désir de George d'être en privé avec elle. Il fut heureux de la rassurer sur ce point et tous les deux en éprouvèrent une sensation très réparatrice.

Les attitudes les plus courantes face à la douleur consistent à se plaindre ou se montrer stoïque. Cette dernière est plus souvent celle des hommes qui ont appris dans leur jeunesse qu'il ne suffit pas d'exprimer ses sentiments pour trouver l'amour espéré. Les femmes trouvent souvent le stoïcisme difficile à vivre. En fait, la plupart de celles qui participent à nos stages souhaitent que leur partenaire extériorise davantage ses sentiments. Parallèlement, les hommes ont souvent beaucoup de mal à supporter les récriminations.

Ni l'une ni l'autre de ces méthodes ne crée une atmosphère détendue, qui naît avec l'expression consciente des sentiments et un minimum de recul. Martha et moi choisissons parfois consciemment de nous plaindre pour informer notre partenaire que nous sommes d'humeur maussade et avons simplement besoin de nous délester d'un fardeau émotionnel. Nous demandons alors à l'autre s'il est d'accord pour écouter. Après un tel préambule, les plaintes réciproques sont beaucoup plus faciles à accepter.

Découvrez ce qui est nécessaire à la guérison de votre partenaire. Demandez-lui ce qu'il aimerait que vous lui apportiez quand il est malheureux. Vous n'êtes pas toujours obligé d'accorder ce qu'il demande mais sachez que lorsque vous le faites, vous contribuez autant à votre propre guérison qu'à la sienne. Si vous prenez la peine de vous éduquer mutuellement quant à vos besoins, vous réagirez de façon de plus en plus appropriée à votre partenaire quand il sera inquiet et troublé.

Ne réagissez pas en fonction de son ego

Quand votre partenaire est malheureux, vous pouvez être tenté de tenir compte de son ego, de la partie timorée et égocentrique de son esprit comme s'il était possible de raisonner avec elle. Mais il est futile de discuter en se mettant à son niveau et d'essayer de le convaincre de ses erreurs. Votre opposition démontre une acceptation tacite du système de pensée distordu sur lequel il s'appuie. Vous ne faites que le renforcer et le cautionner en lui accordant une réalité. Inutile de vous s'opposer à ce qui n'en a pas.

Plutôt qu'à la voix de la peur, réagissez à l'esprit caché derrière l'ego. Soyez comme les rayons X qui traversent la chair comme si elle n'existait pas pour pénétrer jusqu'à l'os. Il faut de la perspicacité pour voir au-delà de la négativité du partenaire. Quand ses déclarations sont évidemment absurdes, il est relativement facile de compatir. S'il affirme que vous avez deux têtes et des cheveux verts et que vous faites partie d'un complot pour le tuer, son message est si évidemment faux que vous prendrez aisément assez de recul pour réagir à la souffrance dont il témoigne. Mais si sa douleur le pousse à vous attaquer sur des points sensibles, la tâche sera autrement difficile.

Quand votre partenaire semble vous rejeter, une réelle intuition est indispensable pour déterminer son besoin véritable. Ne tirez pas de conclusions hâtives ; soyez attentif comme avec un enfant qui vous chasse. Quand mon fils était plus jeune, il cachait parfois son trouble sous un message de surface en me demandant de le laisser tranquille. Dans certains cas, c'était clairement ce qu'il souhaitait et je respectais sa demande. Mais je voyais parfois qu'en fait, il désirait que je parvienne à le faire parler. Tout l'art consiste donc à distinguer entre le vrai *non* et celui qui cache un *oui*. Écoutez attentivement et guettez derrière les mots les nuances de la communication non-verbale. Vous éviterez ainsi de prendre le rejet de votre partenaire pour argent comptant.

Les réactions de Martha à ma souffrance sont presque toujours efficaces parce qu'elles s'adressent à la partie de moi-même qui vit sous les perturbations de la surface. Naturellement, son ego entre parfois en jeu mais plutôt que le mien, elle touche de plus en plus souvent mon moi profond : elle me prend au sérieux sans croire l'histoire que ma peur a inventée. Avec assez de générosité pour accueillir tous mes sentiments, elle est capable de m'indiquer par son sourire aimant qu'en dépit des apparences, je suis en sécurité. Chaque fois que je reçois ce cadeau, je suis à nouveau émerveillé par le miracle de son effet réparateur.

Faites la paix avec votre propre souffrance

Ceux qui sont à l'aise avec leur douleur communiquent un authentique sentiment de sécurité. Mais la souffrance du partenaire met la plupart d'entre nous mal à l'aise. Pourquoi avons-nous tant de mal à y répondre avec amour ? Quelle est la nature du travail qui nous permettra de le faire facilement et de bonne grâce ?

Pour vous sentir à l'aise face à la souffrance de votre partenaire, la clé est d'être en paix avec la vôtre. Il n'y a pas de raccourci magique pour acquérir cette capacité. Elle naîtra, au fil du temps, de votre décision de résister à la tentation de fuir la douleur.

Vous êtes constamment face à la tentation d'échapper aux sentiments pénibles grâce aux drogues, aux médicaments, à la gourmandise, aux relations sexuelles, aux loisirs, au travail, à l'imagination, à la rationalisation, à des distractions insignifiantes. Plus vous résisterez ou fuirez votre douleur, plus elle s'enracinera et moins vous serez en mesure d'en tirer un enseignement.

Lui résister peut être pénible. Pourtant, elle n'est pas nécessairement si inconfortable quand on l'accueille à cœur ouvert. Les pires expériences résultent plus souvent de la résistance qu'on lui oppose que de la douleur elle-même. Bien que par nature elle ne soit pas la bienvenue, vous pouvez apprendre à la pénétrer avec compassion plutôt qu'à la fuir dans la crainte. Quand vous vous sentirez à l'aise dans vos zones d'ombre, vous serez plus apte à aider ceux qui souffrent autour de vous.

On ne développe l'empathie pour la peine d'autrui qu'en éprouvant ses propres peines. Si votre vie se déroulait comme un parcours sans obstacles, vous seriez sans doute moins sensible à la souffrance des autres. La fonction de votre propre douleur est de vous apprendre à ouvrir votre cœur dans des situations où il restait fermé afin que vous puissiez transmuter la douleur en compassion.

Quand vous aurez accepté la valeur du rôle éducatif de la douleur dans votre propre vie, vous admettrez sans doute plus facilement que la souffrance de votre partenaire peut jouer le même rôle dans la sienne. Nous ne recommandons pas de se placer dans une perspective "spirituelle" car son utilisation malhabile risque d'engendrer une indifférence à la douleur d'autrui. Mais on peut la ressentir sans pour autant la considérer comme regrettable. Quand votre partenaire souffre, rappelez-vous que souffrir n'est pas la même chose qu'être en danger. Ne perdre de vue ni sa sécurité ni la vôtre vous permettra de faire passer le message que vous avez tous deux besoin de comprendre : la douleur ne doit pas être redoutée mais acceptée avec amour.

Libérez-vous du besoin de tout arranger

Être capable de faire face sereinement à la douleur de votre partenaire vous libérera aussi du besoin de le consoler.

Quand les enfants sont témoins du désarroi de leurs parents, qu'il soit dû à l'alcool, la dépression, la violence ou à un mariage malheureux, ils se sentent souvent personnellement responsables de leur malheur et développent une forte culpabilité.

Nous avons tendance à réagir de même avec notre partenaire. Observez-vous quand il est malheureux ou indifférent et découvrez si une partie de vous-même ne vous blâme pas pour sa mauvaise humeur. Comme nombre d'entre nous, vous entretenez l'idée que son insatisfaction est un reflet de vos insuffisances. Si seulement vous étiez un meilleur partenaire, un meilleur amant, si vous gagniez plus d'argent, si vous étiez plus beau, plus intéressant, plus etc., il serait en permanence comblé par votre relation ! Cette voix vous souffle que ce sont vos manques qui sont à l'origine de la souffrance de l'autre.

Si vous assumez ce type malsain de responsabilité pour satisfaire votre partenaire, chacune de ses mauvaises humeurs vous renvoie à vos insuffisances. Qui serait heureux avec ce rappel constant ? La vérité est que vous finirez par être exaspéré qu'il ne cesse de vous mettre mal à l'aise en étant éternellement insatisfait. Votre réaction peut être l'attaque ou le repli pour vous éviter un surcroît d'inconfort. Si seulement il pouvait être heureux, vous pourriez alors vous détendre et être vous aussi heureux et en paix avec vous-même.

Ce besoin impératif d'échapper à votre inconfort peut vous pousser à tenter l'impossible pour satisfaire votre partenaire. Vous semblez motivé par compassion pour son mal-être, mais vos efforts étant empreints de peur, votre partenaire n'y décèle pas d'authenticité. Les actes dictés par la peur ou la culpabilité ne résolvent rien.

Avec chaque échec de vos tentatives pour soulager sa souffrance, vous vous sentez plus coupable et éprouvez plus de ressentiment envers lui. Vous êtes piégé dans un pénible cercle vicieux.

Les hommes sont particulièrement conditionnés à réagir à la souffrance de leur partenaire par une solution pragmatique. Au lieu d'être présents avec tout leur amour, ils suggèrent en général telle ou telle chose que leur partenaire devrait faire ou une façon plus éclairée d'envisager la situation. Leur avis fleure alors la facilité et leur partenaire ne se sent pas entendu.

Pour renoncer au désir de tout arranger :

- Quand vous êtes malheureux ou blessé, remarquez à quel point les bons conseils qu'on vous donne sans écouter réellement ce que vous ressentez semblent inappropriés.
- Distinguez clairement qui est responsable de l'état d'esprit de l'un ou l'autre. Quand vous commencez à comprendre que votre partenaire n'est pas responsable de vos sentiments, il s'ensuit que vous n'êtes pas responsable des siens. C'est dans la mesure où vous en serez réellement convaincu que vous serez libéré de l'idée fausse qu'il vous appartient de le rendre heureux.
- Travaillez à vous débarrasser de vos sentiments d'insuffisance (un sujet couvert plus en détail dans le onzième chapitre). Plus vous aurez conscience du meilleur de vous-même, plus vous serez capable de faire face à la souffrance de votre partenaire sans éprouver de culpabilité. Rappelez-vous à la fois qu'il souffre et que vous n'êtes pas coupable. Cela semble simple, mais il faut de réels efforts pour acquérir le sens de sa propre valeur indépendamment de l'humeur bonne ou mauvaise d'un partenaire.

Apprenez tous deux à accepter votre souffrance et celle de l'autre en faisant confiance à la solidité de vos liens. C'est ainsi que vous pourrez créer la distance qui permet à l'intelligence de l'amour de guérir ce qui a été blessé.

L'*origine de la souffrance*

Ce sont d'abord les maladresses de nos parents et de notre entourage qui nous ont blessés, mais ce tableau est incomplet. La notion suivant laquelle l'autre est responsable de notre souffrance mérite une sérieuse remise en question.

La véritable intimité exige qu'au moins de temps en temps, j'accepte d'être vulnérable. Pour la plupart, nous entretenons l'idée que la vulnérabilité nous expose à être facilement blessés. Si je vous crois potentiellement capable de m'infliger de la souffrance, je serai méfiant à votre égard et si je crois devoir me protéger, je le ferai en durcissant mes défenses : le bon sens me le suggère comme une mesure de sécurité.

Elle serait justifiée si ma souffrance psychologique était effectivement causée par un tiers. Mais qu'en est-il si elle vient de mon propre esprit ? Dans ce cas, toute défense psychologique à l'égard d'autrui est superflue.

Une des singularités des relations ayant une qualité spirituelle est de remettre en cause les présomptions du bon sens. J'aimerais vous faire remarquer qu'en tant qu'adulte vous êtes vous-même, et non vos parents ou votre partenaire, la source de votre souffrance présente et qu'elle provient entre autre de votre sentiment d'insuffisance.

Quand vous étiez enfant, il était normal que vous croyiez les messages d'insuffisance transmis par vos parents puisque mentalement, vous ne disposiez pas des moyens de les contester. Reçus par votre psychisme immature, ils pouvaient en effet vous blesser.

Mais si vos blessures persistent, ce n'est pas à cause des événements du passé. Vous les entretenez en continuant à accepter les messages dévalorisants imprimés dans votre jeune esprit par les adultes. Ce n'est pas le passé qui vous blesse aujourd'hui mais plutôt votre adhésion à un vieux conditionnement qui n'a plus de pertinence. Si vous avez cru dans votre enfance que l'opinion de vos parents était justifiée, continuer à le croire à ce jour est un choix que vous avez le pouvoir de refuser.

En souscrivant au jugement de valeur de vos parents ou de qui que ce soit d'autre, vous leur donnez le pouvoir de définir la personne que vous êtes. Le leur accorder était normal quand vous étiez enfant. Il est temps de le leur retirer maintenant que vous êtes adulte. Rien ne vous oblige plus à ratifier leurs opinions quant à votre valeur ou votre personnalité. C'est en reprenant ce droit naturel à définir votre propre valeur que vous cesserez d'être victime du passé.

Un changement du même ordre est nécessaire avec votre partenaire. En le laissant définir votre valeur, vous limitez gravement votre aptitude à l'intimité. La peur d'être blessé domine votre esprit et conditionne votre comportement. Il vous est pratiquement impossible de vous épanouir, d'agir selon votre nature si une partie essentielle de vous-même se retient par crainte d'être défavorablement jugée par votre partenaire. Est-ce alors son comportement qui cause votre souffrance – comme l'affirme le bon sens – ou est-ce la conviction de votre propre insuffisance ?

Supposez qu'alors que vous vous sentez tout à fait heureux et en paix, un enfant nettement perturbé par la peur et la douleur vous accuse d'être un méchant extra-terrestre à trois têtes venu de Pluton. Vous n'en seriez sans doute pas affecté. Mais que l'enfant intérieur blessé d'un autre adulte vous juge et vous êtes capable de vous sentir meurtri ! Si vous faites résonner un mi près d'une guitare, sa corde de mi entrera en résonance. De la même manière, si votre partenaire vous accuse d'être mauvais, votre sentiment d'insuffisance entre en résonance avec son accusation et vous en êtes blessé.

Il est facile d'en déduire que son accusation a provoqué votre peine. Mais si vous étiez en accord avec vous-même au moment de son attaque, rien en vous n'entrerait en résonance avec elle et par conséquent, rien ne provoquerait votre souffrance. En votre partenaire, un enfant effrayé appelle au secours mais l'adulte que vous êtes est en sécurité.

Vous pouvez néanmoins découvrir quelque chose sur vous-même en examinant attentivement l'accusation de votre partenaire. Son attaque a peut-être été déclenchée par un comportement inconscient ou maladroit de votre part. Être en paix avec vous-même ne signifie pas que vous êtes parfait et qu'il ne vous reste rien à apprendre, mais que vous n'avez aucune raison de vous autoflageller quand vous constatez que vous avez fait une erreur.

En évitant de vous torturer, vous accepterez la part de vérité dans le message de votre partenaire, à savoir que votre comportement était inapproprié. En même temps, vous rejetterez ce qu'il comporte d'inexact, à savoir que vous êtes mauvais et méritez d'être puni parce que vous avez fait une erreur. Ainsi vous ne vous sentirez pas blessé même si vous avez été attaqué. Cependant, vous éprouverez sans doute une certaine tristesse, un regret passagers et très salutaires d'avoir contribué à la souffrance de votre partenaire.

La souffrance sous deux optiques

Vous vous demandez peut-être, à ce stade, si être blessé n'est pas une réaction normale. Certes. C'est une réaction normale que nous devons à la fois accueillir et dépasser. Ce qui exige deux optiques différentes de la souffrance. La première englobe et prend au sérieux celle de votre partenaire et la vôtre. Vous apprenez à éprouver la souffrance avec amour, à écouter à cœur ouvert et à réfléchir au moyen le plus efficace de favoriser la guérison. Ce qui vous évite l'erreur spirituelle de voir les choses avec trop de détachement.

En même temps, pour échapper aux limites de l'approche purement psychologique, nous devons transcender le domaine de la peur. La deuxième optique de la souffrance indique qu'en tant qu'adulte, vous ne pouvez pas être psychologiquement blessé par un autre. Dès que vous souffrez, apprenez à remettre en question l'idée que votre partenaire en est la cause.

Maintenir conjointement ces deux optiques de la souffrance est un défi mais il est essentiel d'y répondre si vous désirez dépasser les limites traditionnelles de l'ego tout en conservant à vos sentiments toute leur authenticité.

L'idée forte selon laquelle vous êtes à l'origine de votre propre souffrance modifie la notion de pardon. Ne soyez pas surpris que l'ego, qui adore jouer la spiritualité, utilise même le pardon à ses propres fins. Comment procède-t-il ? Quand il se sent attaqué, il se pose d'abord en victime et s'indigne vertueusement de ce qu'on lui a fait subir. Puis il se reprend en main et proclame avec grandeur d'âme qu'il a été blessé mais qu'il pardonne. Cette attitude condescendante est une tentative subtile pour provoquer le sentiment de culpabilité de l'autre.

Un moment d'honnêteté montre que si vous restez ainsi blessé, vous n'avez pas réellement pardonné. Or votre nouvelle optique vous permet de savoir que votre partenaire n'a pas causé votre souffrance et que vous n'avez donc rien à pardonner. C'est ainsi qu'intervient le vrai pardon. Un couple a mille occasions de pratiquer chaque jour ce déplacement de la responsabilité qui modifie toutes ses conceptions. Un des plus beaux cadeaux que vous puissiez faire à votre partenaire est de le déclarer innocent de toute souffrance que vous puissiez éprouver. Rien n'est plus précieux dans votre thérapie mutuelle.

Deuxième partie

TRAVAILLER SUR SOI

DANS LA MAJEURE PARTIE DE CE LIVRE, nous nous concentrons sur les moyens d'améliorer les rapports entre partenaires par la compassion et la compréhension. Mais pour favoriser l'épanouissement de l'intimité, chacun doit aussi apporter ces mêmes qualités à l'examen de sa vie intérieure. Sans ce travail, l'intimité attisera vite les cendres des problèmes non résolus, engendrant des modes de comportement douloureusement répétitifs. Travailler sur vous-mêmes éclairera de vieux schémas et vous permettra de les explorer ensemble de meilleur gré.

Ce travail intérieur est comme un arbre à deux branches maîtresses. Ce ne sont pas des entités totalement distinctes car elles sont reliées par le tronc. Mais pour les besoins de la compréhension, considérons-les séparément.

La première branche exige d'apprendre à être plus conscient, à détruire de vieux modes de pensée et à agir à la lumière de cette conscience, à jeter un regard différent sur ce qui se produit en soi et en dehors de soi, à l'observer en excluant le bavardage mental habituel, sans historique, sans interprétation, sans les habituels "j'aime" ou "je n'aime pas". Ainsi débarrassé, l'esprit perçoit plus clairement. Cette lucidité qui fait appel à la vigilance, à l'attention, est l'aperception ou prise de conscience. Nous voulons aussi explorer comment elle peut être favorisée et ce qui lui fait obstacle.

La seconde branche de l'arbre consiste à ouvrir son cœur. Cela signifie tout d'abord reconnaître quand il s'est fermé et apprendre à pardonner, à cesser de juger partenaire, enfant, parents, voisins, politiciens, événements... Et peut-être plus important, cela signifie apprendre à être bienveillant envers vous-même. Les huitième et neuvième chapitres sont consacrés à la première branche et les suivants à la seconde.

8 La conscience de soi

L'importance de l'aperception

POUR PERMETTRE UN CONTACT DIRECT avec la plénitude de l'instant, l'esprit envahi par le flot quasi ininterrompu de la pensée doit faire une pause. S'il bouillonne tandis que vous admirez un superbe coucher de soleil, vous ne pouvez percevoir réellement la splendeur du moment. Il en va de même quand vous écoutez de la musique ou regardez les yeux de votre bien-aimé(e). Le cogito vous empêche d'être pleinement conscient du présent.

Du matin au soir, notre esprit est presque constamment accaparé. Nous ruminons nos problèmes d'argent, de sexualité, de relations, de travail et mille autres sujets banals. Ainsi préoccupés, nous vivons comme le personnage d'un songe et traversons notre vie de façon mécanique et inconsciente. À l'intérieur de ce songe, nous créons le conflit dans notre esprit, dans notre foyer et dans l'univers. Ceux qui ont l'intuition d'un rapport entre cette inconscience et les problèmes de leur existence éprouveront naturellement le besoin d'une prise de conscience dont la clé est la vigilance.

On peut travailler seul et avec son partenaire en vue d'un idéal spirituel plus élevé sans s'intéresser spécifiquement à la vigilance. Mais nous pensons que de diverses façons, l'introspection qu'elle permet d'effectuer contribue à la création d'une relation plus consciente et plus aimante.

Échappez à votre conditionnement

Génération après génération, nous sommes tous conditionnés par des attitudes et des habitudes transmises de parents à enfants. Nombre d'entre elles interfèrent avec l'amour et avec son expression ; beaucoup d'autres sont déplaisantes.

Pour nous libérer de nos modes de réaction, nous devons développer la capacité de prendre du recul par rapport à eux afin de nous percevoir sans concession et sans distorsion. Ce qui exige de nous libérer de toute auto-justification (ou déni de nos imperfections) ou de toute auto-condamnation (culpabilité). Cette prise de conscience ou aperception nous aide à nous voir avec plus de lucidité.

Il est particulièrement important de nous détacher du mélodrame de la relation quand nous sommes bouleversés afin d'en observer simplement les événements. Nos efforts pour changer ne font parfois qu'aggraver les choses parce que nous ne sommes pas assez lucides pour appréhender la réalité vraie. C'est alors qu'il faut prendre un peu de distance – pour respirer, laisser faire et observer en se gardant de s'impliquer davantage. Nous défaire de nos réactions habituelles est essentiel en vue d'une existence consciente. C'est l'aperception qui nous permet d'y parvenir.

Acceptez les sentiments pénibles

Les sentiments les plus sombres qui sont niés ou refoulés ne disparaissent pas. Car la négativité qui ne s'exprime pas tend alors à s'envenimer et à créer une souffrance supplémentaire par ses manifestations indirectes. Pour que les sentiments pénibles jouent leur rôle positif, nous devons nous connecter pleinement avec eux.

Tirer les leçons de la peur et de la douleur exige que nous développions cette qualité subtile qu'est l'équanimité. En cessant de nous accrocher à ce qui est plaisant et de résister à ce qui ne l'est pas, nous apprenons à développer le courage et la force de rester sereinement face à ce qui nous perturbe sans prendre la fuite. Ce qui était auparavant au-dessous du niveau de notre conscience peut ainsi être mis en lumière. L'aperception affine ces capacités.

Voyez clairement vos défauts

L'aperception nous permet, entre autres choses, de nous familiariser avec notre égocentrisme. Seulement alors pouvons-nous commencer à voir à quel point nous participons de tout ce que nous reprochons aux autres. Cette vigilance au quotidien révèle la similitude de tous les ego : le nôtre, celui de notre partenaire et celui des autres. Nous pouvons alors en finir de nous sentir meilleurs ou pires que notre partenaire ou notre voisin et être débarrassés de nos vertueux ressentiments. Nous examinerons cet aspect plus en détail dans le douzième chapitre.

Vivez dans le présent*

L'aperception permet d'être pleinement présent dans l'instant. Or, nous passons une bonne partie de notre existence avec le sentiment de tuer le temps en attendant que le rideau se lève sur notre vraie vie, qui commencera dès que nous aurons fait la bonne rencontre, trouvé la bonne situation ou autre circonstance idéale.

Cette attitude répandue a une regrettable conséquence : au lieu de se suffire à lui-même, le présent n'est qu'un pas vers le futur dans lequel nous plaçons tous nos espoirs. Entre temps, dans l'attente de notre véritable existence, nous nous distrayons au mieux tandis que la vie passe en nous laissant sur le côté de la route.

L'aperception nous rappelle aussi souvent que nécessaire que le sens de la vie réside dans le présent. Il ne sera jamais ailleurs qu'ici et maintenant. L'effet sur notre intimité est profond. Le contact réel avec notre partenaire dépendant de la plénitude de notre présence dans l'instant, la pratique de la prise de conscience nous permet d'explorer à de nouveaux niveaux la vraie nature de l'intimité.

Connectez-vous avec votre vérité

Quand notre esprit interrompt son bavardage, s'installe le silence intérieur qui, seul, nous permet d'être réceptifs à la vérité profonde de notre être. Ce n'est qu'avec cette trêve que nous devenons sensibles aux suggestions de cette sagesse intérieure sereine qui en sait beaucoup plus que notre esprit rationnel.

---

* pour aller plus dans la démarche de vivre l'instant présent, voir également *Lâcher-prise*, de Rosette Poletti et Barbara Dobbs (éd. Jouvence, 1998).

Si vous tentez de manger votre soupe avec une fourchette, vous aurez beaucoup de mal à y parvenir. L'esprit qui pense et différencie est comme une fourchette. Il peut tâter, disséquer, analyser, il ne peut pas contenir. C'est la fonction de la cuillère, qui s'apparente à l'intuition. Il n'est pas question de choisir entre la fourchette ou la cuillère mais d'utiliser pleinement les deux qualités de notre intelligence là où elles peuvent nous servir le plus utilement.

Notre intellect nous sert au mieux pour résoudre les questions pratiques. C'est un merveilleux instrument mais il est hors de son domaine d'application quand il tente d'en découdre avec les questions existentielles. Seul le silence de l'esprit rationnel peut nous rendre réceptifs à la vérité au-delà du leurre et des limites de notre condition humaine. L'aperception ménage un accès à une nouvelle dimension dans laquelle les choses sont autres que leur apparence et où l'univers se révèle rassurant et chaleureux.

Échappez au jugement

Notre tendance à juger toute chose bonne ou mauvaise est l'obstacle le plus omniprésent et le plus difficile à vaincre entre nous et notre vérité. Pratiquement toutes nos perceptions traversent le filtre de ce jugement à la fois conscient et inconscient. Notre esprit qui évalue constamment en fonction de ses préjugés nous prive d'une perception directe, sans à priori. *"La Voie de la perfection ne connaît pas la difficulté, excepté celle d'éviter toute préférence."* (Cinquième patriarche de la tradition zen).

Cette vérité est également illustrée par l'image du paradis terrestre. Le séjour de l'humanité dans la simple beauté de l'Eden a pris fin avec le partage de la pomme de l'arbre de la connaissance du bien et du mal. Bien que le discernement soit indispensable dans la vie quotidienne, l'esprit doit apprendre à fonctionner aussi sans passer par le jugement pour parvenir à la liberté dont il éprouve un si puissant besoin. Chacun à sa manière, les enseignements de toutes les traditions tentent d'exposer cette vérité.

Observer sans jugement la succession des événements intérieurs et extérieurs fait naître ce qu'on peut appeler "le témoin" : il ne formule pas d'opinion sur le bien et le mal, le bon et le mauvais, ne croit ni n'évalue et par conséquent, n'a aucun besoin d'analyser. Vacant et spacieux, l'esprit observe avec sérénité tout ce dont il est témoin comme une scène du spectacle éphémère de la vie.

Quand vous avez développé cette attitude, vous cessez d'être un simple pion dans le jeu de la vie. Vous pouvez choisir où, quand et comment vous allez vous investir dans votre relation. Vous êtes libre de vivre une existence passionnée, attentionnée, profondément engagée sans crainte de vous noyer dans vos propres sentiments ou d'être consumé par votre relation.

De plus, le témoin joue un rôle crucial dans la libération des sentiments pénibles. Tenter de vous en débarrasser directement est une erreur ; leur résister, si subtilement que ce soit, est un moyen sûr de les renforcer et de perpétuer ce que nous détestons le plus. Si vous éprouvez une émotion pénible, vous ne pouvez vous en défaire avant de la reconnaître, d'accepter son existence et de la ressentir pleinement.

Le changement ne résulte pas de vos efforts pour changer mais de la lumière de votre compréhension. Une partie de vous-même doit se placer à l'extérieur de vos émotions, de vos peurs, de vos croyances, de vos jugements et de vos désirs. Le témoin est simplement conscient qu'ils existent et accueille la colère, la peine, la peur. Vos sentiments sont pour lui des faits qu'il accepte de façon absolument indifférenciée, sans s'y accrocher ni leur résister. Alors seulement vient la compréhension qui conduit à la libération.

Libérez-vous de l'image de vous-même

Outre l'abandon du jugement, la lucidité exige aussi que l'esprit se libère des images issues du passé. Ce que nous voyons à travers une image, un symbole, un nom n'est pas perçu directement dans son essence. Essayez de regarder ce que nous appelons un chat sans que ce mot envahisse votre esprit. Sans image mentale du passé, vous saisirez peut-être quelque chose de beaucoup plus intéressant et mystérieux.

Plus difficile, plongez quelques instants votre regard dans les yeux de votre partenaire sans intrusion des images mémorisées. Vous les verrez peut-être sous un jour nouveau. Tout ce que vous regardez à travers une image mentale est interprété plutôt que perçu dans sa réalité effective. C'est également vrai quand vous êtes vous-même l'objet de votre attention.

Au fil des années, nous construisons de nous-mêmes une image à la fois positive et négative que nous tenons particulièrement à entretenir. En général, nous aimons véhiculer celle d'une personne fondamentalement respectable et bienveillante. Elle est menacée quand nous sommes envahis par des sentiments mesquins. Pour protéger la noblesse de notre image figée, nous développons des mécanismes intérieurs de déni qui empêchent ces sentiments négatifs d'atteindre notre conscience objective. Notre vision de nous-mêmes est donc sérieusement déformée.

Inversement, si nous abritons de nous-mêmes une image fondamentalement négative de personne égoïste, cynique, froide ou émotionnellement infirme, nous pouvons nous sentir trop menacés pour nous laisser aller à éprouver l'amour authentique qui couve sous ces défenses.

Positive ou négative, quelle que soit l'image que vous avez de vous-même, elle déforme ce que vous voyez. Par conséquent, il est essentiel d'examiner ce sujet. Prenez d'abord conscience de votre image intérieure sans la juger bonne ou mauvaise. Placez-vous alors en position de témoin et cessez de vous identifier avec elle. Quand vous commencez à la percevoir comme un quelconque élément entre beaucoup d'autres dans votre esprit plutôt que comme une vérité absolue définissant qui vous êtes, l'image aura cessé d'exercer sa domination sur vous.

La prise de conscience

Percevoir sans juger et abandonner les images du passé constitue une façon différente d'appréhender toute chose.

Si vous désirez explorer cet état de vigilance, commencez dès maintenant à prendre conscience de votre corps. À cette perception corporelle, intégrez maintenant votre respiration et remarquez comme votre conscience est alors plus concentrée sur l'instant présent.

Quand l'esprit s'est assagi, l'aperception qui a d'abord concerné votre corps et votre respiration peut s'étendre à ce que vous voyez, entendez et sentez. Explorez ces perceptions sans laisser votre esprit se hâter de les définir. Remarquez comme l'attention pure apporte une lucidité sereine, en particulier quand vous écoutez le silence entre les bruits.

Restez un moment dans cet état avant de l'élargir pour y inclure les événements intérieurs : pensées, sentiments, peurs, désirs, goûts, aversions. Observez que la distinction entre intérieur et extérieur n'est en fait qu'une création de la pensée.

La pensée rend difficile d'être réceptif. Branchez-vous sur la totalité de ce qui se passe dans l'instant sans juger, analyser ni interpréter. Cessez d'accueillir le présent en le faisant transiter par le passé. Dans cet état d'aperception ou conscience, vous êtes réceptif à de grands enseignements sur vous-même.

La méditation

La méditation est une antique ressource spirituelle, un moyen de faire barrage à l'anticipation de l'avenir et aux besoins incessants de notre esprit agité pour nous tourner vers l'intérieur et la source de vie.

L'état de conscience où l'on observe en silence le cortège des événements intérieurs et extérieurs peut être appelé méditation. Elle peut être aussi l'examen de la nature fondamentale de celui qui observe, du moi essentiel.

Il est bon de se réserver un moment pour être calme, pour se détourner de la séduction des sens et laisser s'éteindre le bavardage de l'esprit. Nos énergies peuvent alors s'harmoniser et faire émerger un ample espace de conscience. Martha et moi accordons beaucoup d'importance à ménager chaque jour un moment pour la méditation.

En fait, nous avons remarqué que nous sommes plus conscients et en communion plus étroite toute la journée lorsque nous la commençons ainsi, ce que nous faisons habituellement. Nos énergies se fondent quand nous méditons ensemble. Les couples qui font de cette pratique une règle découvrent qu'elle est une nouvelle bénédiction dans leur vie commune.

Il existe de nombreuses techniques pour stimuler l'énergie ou trouver le calme, la concentration et l'équilibre. Choisissez celle qui vous attire le plus. La concentration sur la respiration, sur un mot ou une phrase peut être utile. La retraite, le jeûne, la privation sensorielle ou autres formes d'ascétisme peuvent approfondir votre expérience.

Méditer ne consiste pas simplement à s'asseoir et pratiquer une méthode particulière à l'exclusion de toute autre activité. Les techniques ne sont que des moyens de concentrer l'énergie et d'assagir l'esprit. L'exploration de la conscience débarrassée des limites imposées par l'ego est trop profonde et subtile pour être réduite à un simple procédé.

Que signifie fonctionner sans un *moi,* sans un ego, un point central ? Dans la vie quotidienne, l'esprit agit comme si cet ego était une réalité absolue. La plupart des pensées, des peurs et des désirs sont axés sur lui. Tout effort, toute tentative pour contrôler ou se rassurer émanent de ce centre, toute friction, toute crise de cette entité qui s'appelle *moi.* La peur est l'essence du moi. Il est au centre de toute douleur, de toute colère, de tout désarroi, de tout conflit. Un vieux poème allemand dit en substance :

Où que j'aille,
Mon moi va aussi
Et gâche tout.

Est-il possible d'en finir avec cet ego ? La conscience peut-elle se libérer de l'illusion de ce moi distinct et fonctionner sur un mode totalement différent, sans crise ni peur ni douleur associées à ce point central ? La méditation est un moyen d'explorer ce problème fondamental sans idées préconçues, en interrogeant silencieusement et en profondeur la nature de notre véritable identité. Y a-t-il un moi qui médite ? Si oui, qui est-il (elle) ? Sinon, que se passe-t-il alors ? Comment l'examiner ? Qui va poser les questions ? Qui ou quoi y répondra ?

Un rien d'introspection révèle bientôt que recourir à la pensée pour reconnaître ce nouveau territoire aboutit à un esprit qui tourne en rond dans le cadre de ce qu'il savait déjà. L'esprit qui dirige son attention sur lui-même découvre à plus ou moins brève échéance que la pensée ne va pas très loin et qu'un autre type d'exploration est nécessaire. Inutile cependant de tenter de faire taire vos pensées afin de parvenir au silence de l'esprit. Il naît quand l'esprit cesse de vouloir atteindre, de vouloir saisir, comprendre, épingler et contrôler.

Si utile soit-elle d'abord pour trouver un calme intérieur, la concentration elle-même peut être considérée comme un effort du moi parce qu'elle implique le contrôle et qu'il faut un effort pour exclure tout ce qui est étranger à son objet. La concentration d'énergie sur un point particulier est encore une expression du moi et il en va de même si elle a un but. Si vous avez comme objectif un esprit qui ne juge pas, vous jugerez forcément dans quelle mesure vous jugez. Tout but, si impalpable soit-il, fait de la méditation une autre activité du moi.

L'absence d'objectifs, de pensées, de jugements et d'images est indispensable. Quand l'esprit s'efforce de diriger l'enquête, cet effort émane encore du moi. S'en libérer n'exige donc ni effort, ni contrôle, ni choix ou préférence. Il ne peut y avoir de plan, d'itinéraire prévu, de technique ou de stratégie.

Que reste-t-il ? Quand cessent toutes les activités du moi, il ne reste que conscience pure. Si vous atteignez ce stade, vous pourrez explorer s'il existe un moi, un méditant qui médite, un observateur qui observe le spectacle, ou simplement un événement, toujours différent mais toujours dans l'ici et maintenant. Peut-être découvrirez-vous que sans la croyance en celui qui médite, tout conflit prend fin.

Dans cet état, qu'en est-il du temps ? Sans pensée, où sont le passé et le futur ? Ils ne sont plus perçus que comme contenu de la pensée immédiate. Avec l'aperception, la durée prend fin et vous êtes dans la permanence du présent. Sans pensée rebondissant sans cesse du passé à l'avenir, où est le moi ? Il apparaît comme une image du passé sans plus de réalité qu'un rêve. Un état sans durée est aussi un état sans moi. Il ne reste qu'un maintenant permanent.

Peut-être la méditation a-t-elle commencé comme une autre activité du moi. Mais le moi apparemment distinct, entré dans cet état hors de sa propre ambition ou de son désespoir, se trouve maintenant en contact avec plus vaste que lui. L'identité ne peut plus être aussi délimitée, définie avec autant de rigueur et d'imperméabilité.

Ayant renoncé à ses images et ses conceptions d'elle-même, la conscience est maintenant disponible pour tirer enseignement de sa vraie nature.

L'état méditatif dans la vie quotidienne

Pour apprendre à nager, on pratique d'abord en milieu calme et protégé. Petit à petit, on développe la force et la technique pour nager dans des eaux plus agitées. Il en va de même pour la conscience de soi.

Il est relativement facile de pratiquer la conscience de soi tranquillement assis sur le divan. Mais nombreux sont ceux qui, ayant acquis cette capacité, découvrent que leur sérénité s'évapore à toute vitesse face à un partenaire dans tous ses états. C'est sans doute un signe que la conscience de soi doit être développée pour englober tous les aspects de la vie, y compris les habitudes et les réactions émotionnelles dans toutes les circonstances.

Quand vous aurez appris à trouver le calme en l'absence de perturbation, vous constaterez peut-être que vous êtes de plus en plus souvent dans cet état – en faisant une promenade, en conduisant votre voiture ou en lavant la vaisselle. Peut-être alors serez-vous en mesure d'entretenir cet état d'esprit au sein de votre relation. Un entraînement régulier peut vous permettre de ne pas vous laisser déstabiliser par un moment légèrement perturbateur. Finalement, quand un vrai conflit émotionnel explose de façon inopinée, vous découvrirez que même alors, vous êtes capable de réagir en toute conscience. De tels moments sont de grands encouragements sur le chemin vers la liberté.

9 Fuites d'énergie et discipline

Que sont les fuites d'énergie ?

LE PHILOSOPHE ÉSOTÉRIQUE RUSSE GURDJIEFF a comparé les humains à des ballons dans lesquels de l'air est constamment insufflé. Mais à cause d'un certain nombre de fuites, ils ne sont jamais que partiellement gonflés. Nos fuites sont des brèches qui laissent échapper une partie de notre énergie. Ce gaspillage limite notre vitalité, notre efficacité et notre concentration, indispensables à une vie consciente.

Chacun a sa propre façon de gaspiller son énergie à travers un ou plusieurs points de fuite principaux, entourés d'un certain nombre de fuites mineures. Les fuites peuvent être dues à l'excès d'alcool, de nourriture, à une alimentation de mauvaise qualité, au manque d'exercice, de sommeil, à un travail stressant, un mariage difficile, une sous-estimation de soi et une fréquente autocritique, à trop de distractions insignifiantes, de toxines non transformées dérivées des problèmes émotionnels ou d'activités dépourvues de réel intérêt.

Transformer l'énergie exige de colmater ces fuites, ce qui accroît son potentiel. Chaque fois qu'une brèche est obturée, notre ballon se gonfle et notre vitalité augmente. Toute transformation importante doit tenir compte du type personnel de gaspillage. Passer du riz blanc au riz complet biologique n'améliorera guère la santé et l'énergie d'un sujet qui fume deux paquets de cigarettes par jour. Mais quel que soit le type de gaspillage, l'intimité en souffre tant que les partenaires n'ont pas identifié son origine et mis au point un moyen efficace d'y remédier.

Agitation et apathie

Les fuites n'affectent pas seulement notre réserve d'énergie, elles affectent aussi sa qualité. Nous sommes conçus pour fonctionner de façon optimale avec une sensation de vitalité et de paisible énergie. Pour la plupart d'entre nous, sa déperdition engendre une absence soit de calme, soit de vitalité. Dans le premier cas c'est l'agitation, dans le second, l'apathie. Toutes deux sont des dérèglements qui rendent plus difficile de vivre ensemble de façon consciente.

L'agitation est une effervescence physique et mentale permanente. Nous nous penchons fébrilement vers l'avenir et sommes réellement mal à l'aise quand rien ne nous distrait. Un esprit agité fouille sans cesse le passé et le futur pour y trouver le confort et le plaisir. L'agitation est fuite en avant stressante, ambition, hédonisme, tension et relâchement; musique rock, néons, embouteillages des heures de pointe; excès de café, besoin d'alcool, etc. Dans un tel état, il est pratiquement impossible de faire une pause et de savourer le spectacle de la vie. L'agitation, option favorite de la jeunesse, est plus fréquente chez les citadins.

L'agitation pousse naturellement à rechercher un surcroît d'agitation sous forme de distractions, de drogues, de projets jusqu'à ce que nous en soyons finalement abrutis; ou que, lassés de cette fébrilité, nous mangions trop, buvions trop ou trouvions un quelconque moyen de décompresser.

Contraire de la vitalité, l'apathie est cette sensation que nous connaissons tous après un excès de nourriture. Nous fonctionnons mais la créativité est absente. L'apathie nous fait éviter la douleur dans l'inconscience qui fuit l'intensité du présent. La conséquence prévisible est que nous nous sentons moins vibrants.

Trop de télévision, d'alcool, de tranquillisants, un travail ennuyeux et répétitif, le manque d'exercice, la sédentarité, l'absence de grand air conduisent à l'apathie. Il en va de même avec les idées rebattues et les discussions faciles sur les histoires des autres. Nous sommes nombreux, en vieillissant, à glisser imperceptiblement dans cette grisaille qui finit par devenir notre seul univers.

Parfois, lassés de cette platitude, nous nous mettons en quête d'un plaisir quelconque dont nous espérons qu'il nous rendra notre vitalité et retombons simplement dans l'état d'agitation. Pour beaucoup, cette oscillation entre l'agitation et l'apathie est la seule qualité d'énergie qu'ils connaissent: quand nous sommes pleins de dynamisme, elle est nerveuse ou éparpillée; quand nous sommes plus calmes, peu de force la soutient. Il est rare que nous remarquions que ces deux états fréquents nous aident à fuir la réalité en nous rendant insensibles.

Nous nous rendons insensibles pour ménager notre confort. Un être sensible éprouve tout, agréable ou pénible. Devenir insensible est une stratégie classique pour arrondir les angles de l'inconfort. Par la même occasion, l'aptitude à la prise de conscience se trouve sérieusement amputée.

Les sources d'agitation et d'apathie

Découvrir les sources d'insensibilité les plus évidentes n'est pas difficile. L'agitation résulte souvent d'un excès d'énergie ou de nervosité. Observez votre état d'esprit après une activité débridée. À moins d'être épuisé, vous aurez sans doute beaucoup de mal à retrouver le calme. Trop de décibels et de dissonances provoquent l'agitation ; les média, avec leur rythme frénétique et leurs surdoses de violence ont également un effet excitateur sur le système nerveux ; le bavardage ininterrompu, le mouvement, les perturbations et les ennuis continuels aboutissent également à l'agitation, de même que trop de stress ou de changements. L'excès de sucre engendre une instabilité de l'esprit et naturellement, la caféine, certaines drogues telles que la cocaïne et les amphétamines contribuent chez beaucoup à un état d'agitation chronique.

La piste menant à l'apathie est tout aussi facile à suivre. Une de ses sources fréquentes est la boulimie. Le manque d'exercice physique en est une autre ainsi que l'excès de distractions ineptes. L'emploi régulier de médicaments peut aussi émousser les sensations et blaser notre organisme, immédiatement avec les barbituriques et tranquillisants, à plus ou moins brève échéance avec beaucoup d'autres médicaments tandis que s'épuisent nos réserves d'énergie.

La routine dans la pensée et les comportements conduit aussi à l'apathie. Alors que trop de changements provoquent l'agitation, trop peu de variété dans l'activité et de fraîcheur dans les perspectives engendrent l'apathie. Elle est aussi un signe de maladie ou de vieillissement précoce. Enfin, la source la plus tragique est l'absence fondamentale d'intérêt dans son travail ou de sens à sa vie.

En nous résignant à vivre dans l'agitation ou l'apathie, nous oublions leur raison d'être initiale, à savoir nous informer d'un déséquilibre de notre organisme. La réserve d'énergie d'une personne équilibrée, ni agitée ni apathique, est comparable à un bon moteur bien réglé en position neutre. Paisible et concentrée, l'énergie se libère instantanément au besoin et retourne au calme quand son rôle est terminé. Le système est réceptif, en paix avec lui-même, harmonieux et capable de véritable créativité.

Sans nous en rendre compte, nous aspirons à cet équilibre. Nous désirons à la fois la vitalité (l'absence d'apathie) et la paix (l'absence d'agitation). La difficulté vient de notre tendance à mal interpréter la rétroaction qui nous signale que l'harmonie ne règne pas entre nos différents systèmes.

Percevoir la rétroaction

À tout moment notre corps, comme tout organe vivant, corrige ses déséquilibres en s'adressant des messages sur à son propre état. Ces messages ont pour but de l'aider à entretenir l'harmonie au sein des perpétuelles modifications intérieures et extérieures. Leur fonction est de provoquer des réactions appropriées de l'organisme lorsque ses systèmes sont déréglés. Le thermostat est un exemple de ce principe. Quand il dépasse certaines limites, son mécanisme est conçu pour se mettre en marche ou s'arrêter afin qu'il retombe dans la fourchette des températures adéquates. Le procédé par lequel l'être vivant s'informe sur ses propres systèmes est appelé rétroaction. Son bon fonctionnement joue un rôle crucial dans l'harmonie de notre vie.

En cas de froid ou de soif, le corps envoie un message à l'esprit pour signaler que quelque chose doit être régulé. Attentifs à cette rétroaction, nous agissons en conséquence : nous buvons un verre d'eau ou mettons un chandail en réaction à ses messages.

Alors que nous avons normalement conscience des formes les plus évidentes de la rétroaction, nous n'avons pas appris à repérer ses formes plus nuancées. En général, l'agitation et l'apathie ne sont pas reconnues comme des signaux d'alarme. Quand ces états se manifestent, nous tentons d'échapper à leur inconfort. Nous ferions mieux de comprendre qu'ils ont pour but d'attirer notre attention sur notre mode de vie, nos habitudes ou notre récent comportement afin que nous en corrigions les déséquilibres. Quand nous nous sentons abattus, par exemple, nous nous dirigeons vers le café ou le sucre qui procurent effectivement de l'énergie ; mais nous la payons ensuite, d'abord par l'agitation puis par une plus grande apathie. Quand nous sommes agités, nous nous rabattons souvent sur un verre d'alcool qui apaise d'abord le système nerveux mais peut avoir ensuite l'effet inverse sur le corps et l'esprit et nous laisse finalement abrutis.

La nature a prévu l'inconfort comme une forme efficace de rappel à l'ordre. Parce que nous n'avons pas appris cette leçon, nos réactions habituelles à l'agitation et l'apathie ont tendance à engendrer un surcroît de l'une et de l'autre.

Nous ignorons souvent les premiers signaux d'alarme de notre organisme. On peut négliger une sensation de fatigue chronique, des courbatures ou des rhumes fréquents, des réveils difficiles. Leur suivront des signaux plus intenses – une pneumonie ou un accident sans grande gravité qui sont encore des moyens de la nature d'attirer notre attention. Si nous les ignorons, l'étape suivante peut signifier crise cardiaque, cancer ou accident vraiment grave.

L'absence d'harmonie envoie toujours des signaux. Si nous sommes capables d'écouter ces messages de la rétroaction, les leçons n'auront pas besoin d'être si pénibles. La douleur peut être un mal pour un bien parce qu'elle a la capacité de nous détacher de quelque chose que nous devons abandonner. Les crises graves résultent souvent d'une résistance au changement.

Fuites d'énergie et hygiène de vie

Pour échapper à la prison du passé, une relation intime exige une prise de conscience. Vous ne pouvez opérer de transformation quand elle est absente, comme dans l'état d'agitation ou d'apathie. Il est difficile d'apprécier un paysage en roulant à toute vitesse ; quand l'esprit se précipite d'une chose à l'autre, il est difficile d'être en contact avec le présent. De même, il est difficile d'être en éveil quand l'esprit est abruti car la prise de conscience demande de l'énergie. Agité ou apathique, vous oubliez simplement d'être vigilant. Ces états font obstacle à une relation consciente.

De plus, une relation avec une personne trop agitée ou apathique pour être attentive et présente n'est pas passionnante. Il est donc essentiel d'apprendre à transformer ces états dans l'intérêt d'une intimité de meilleure qualité. La solution consiste à s'appliquer à colmater les fuites d'énergie en étant plus attentif dans les moments de solitude, dans le contact avec la nature, les loisirs, la musique, la lecture.

Il peut d'abord sembler bizarre de considérer les sons et le spectacle du monde comme des nourritures. Cependant, considérez l'effet global sur tout votre être d'une semaine de grand air dans les montagnes, de la vastitude des panoramas, du son du vent sur un fond silencieux. Ce sont là des *aliments* de la plus haute qualité, nourrissants et réparateurs.

Considérez maintenant l'effet d'une semaine dans des usines bruyantes, des embouteillages, des bars enfumés, des foyers chaotiques où règnent la discorde et le tapage de la radio et de la télévision. Notre organisme peut fonctionner avec une alimentation de mauvaise qualité, mais moins efficacement. De même, son fonctionnement est altéré par un chaos d'impressions sensorielles discordantes. Tout ce que nous absorbons est digéré et transformé en conscience dont la qualité reflète la nature de l'apport initial.

Si vous ambitionnez de transformer la qualité de votre état de conscience, examinez attentivement votre mode de vie et voyez s'il est de nature à favoriser la prise de conscience ou à promouvoir l'inattention. Si vous et votre partenaire visez sérieusement une vie commune plus consciente, vous voudrez peut-être passer en revue votre mode de vie sur une semaine typique et vous demander s'il est en accord avec vos plus hautes aspirations.

La plupart des gens développent leurs habitudes auto-destructives personnelles, c'est-à-dire leurs propres façons de ne pas être fidèles au meilleur d'eux-mêmes. Elles peuvent inclure la boulimie, le manque d'exercice physique, le repli émotionnel permanent, l'accoutumance à telle ou telle substance, l'absence de moments réservés à soi, l'apitoiement sur soi et autres formes de manque d'amour-propre. Notre propos n'est pas de juger ces habitudes, mais d'examiner leur effet sur notre conscience.

Remédier aux fuites physiologiques a de bonnes chances de faire une grosse différence pour la plupart d'entre nous. Elles peuvent inclure le rapport à l'alimentation, à l'exercice physique, à l'utilisation des drogues et médicaments. Étant plus faciles à repérer et souvent aussi, plus faciles à transformer que les fuites mentales, elles sont souvent un bon point de départ pour les personnes qui peinent à se détacher de leur routine. De plus, les résultats d'une meilleure hygiène de vie sont plus rapidement remarqués et constater un changement, même modeste, encourage à poursuivre vers d'autres progrès.

Quelques fuites d'énergie courantes

Remarquez le fréquent chevauchement entre les échappatoires habituelles de l'intimité et les fuites courantes d'énergie.

- *L'activité incessante.* Nombreux sont ceux qui ne connaissent pas la sensation d'un organisme qui fonctionne bien parce qu'il est sans cesse en surchauffe. Nous travaillons beaucoup et nous nous distrayons beaucoup, mais à moins d'être totalement épuisés, nous nous arrêtons rarement. En fait, l'idée ne nous en vient même pas. Il est bien rare que nous nous asseyons sous un arbre simplement pour regarder passer les nuages ou que nous nous nourrissions paisiblement du bruissement toujours changeant d'un ruisseau. La plupart d'entre nous pourraient colmater une importante fuite d'énergie si nous étions à même de compenser notre *"trop de faire"* par un *"surplus d'être"*.
  Il existe une alternance entre les flux centripètes et centrifuges, entre nouer un contact avec les autres et se reposer, entre s'exprimer et faire retraite. Quand votre énergie circule selon ce rythme naturel, vous êtes nourris par votre double expérience de l'action et du repos.
- *Mauvaises habitudes alimentaires.* Tout simplement, nous mangeons souvent trop. Pour certains, le problème est celui de la qualité de leur alimentation. L'alimentation industrielle, trop raffinée et dévitalisée, est privée d'une bonne partie de ses nutriments. Votre organisme réagit à l'amour projeté dans les aliments que vous consommez.
- *Autres accoutumances.* Elles sont nombreuses, telles que les relations sexuelles, l'excès de stimulation, les crises, les dépressions... L'accoutumance à l'alcool et à diverses drogues est un phénomène fréquent qui dépasse le cadre de ce livre. Si vous soupçonnez que l'alcool, par exemple, puisse constituer pour vous

une fuite d'énergie, essayez de l'éliminer pendant un mois – vous aurez la réponse à coup sûr. Si sa suppression vous pose un réel problème, il y a de fortes chances pour que vous en soyez dépendant, auquel cas vous devriez chercher une aide extérieure. Si votre partenaire a ce type de problème, nous vous recommandons de vous faire aider vous aussi par un organisme ou une association spécialisés.
Les accoutumances nous font perdre le contact avec nos mécanismes naturels de rétroaction. Prenons l'exemple de la caféine. Si vous en êtes dépendant, vous interprétez votre sensation de fatigue, qui est en fait une demande de repos, comme une indication d'un besoin supplémentaire de caféine qui épuisera davantage vos réserves d'énergie. Par ailleurs, la caféine habitue votre système nerveux à un niveau supérieur de tension qui devient votre état habituel. Beaucoup de couples, inconscients du rôle de la caféine dans le climat émotionnel de leur foyer, s'habituent à un niveau d'irritabilité légère mais permanente qui constitue leur atmosphère habituelle.
Il est intéressant d'établir le rapport entre la caféine et l'alcool. L'utilisation régulière de la caféine surmène le système nerveux et en fin de journée, vous éprouvez le besoin d'atténuer cette tension. L'alcool joue ce rôle car chez certains, son effet contrebalance l'irritabilité. Si vous aimez les boissons alcoolisées, la caféine peut en augmenter votre besoin. Le résultat est un organisme encore plus affaibli et ralenti le lendemain, ayant encore plus besoin de caféine pour rester en éveil. Ce qui finit par provoquer un plus grand besoin d'alcool. Certains remplacent la caféine par le sucre qui produit les mêmes effets. Nous sommes nombreux à être prisonniers de ce cycle.
La télévision est une addiction majeure. La regarder n'est pas forcément une fuite d'énergie en soi. Le problème est le mauvais usage de cette distraction. Elle n'est pas nocive si vous y recourez consciemment pour compenser une intense concentration

par la détente qu'elle peut procurer. Mais si la télévision vous sert à éviter quelque chose, vous avez peut-être là une sérieuse fuite d'énergie.

- *Le manque de repos et de sommeil de qualité* est une perte d'énergie courante. Ce qui la rend difficile à repérer est qu'une privation de sommeil légère ou modérée ne se manifeste pas toujours par de la fatigue. Les symptômes sont souvent semblables à ceux de l'accoutumance à la caféine ou au sucre : irritabilité, dépression, surexcitation nerveuse. Nous nous habituons tellement à ces symptômes que nous ne devinons même pas qu'ils nous signalent la nécessité de changer. Dans bien des cas, quelques jours de profond repos suffiraient à provoquer une étonnante amélioration pour le système nerveux ; en d'autres cas, une ou deux heures par nuit de sommeil supplémentaire pourraient apporter une paix depuis longtemps oubliée.
- *Les sentiments refoulés.* Les sentiments non exprimés ont l'art de se retourner contre eux-mêmes. Ils se transforment en maladie, en dépression, en fatigue, en hostilité, en difficultés sexuelles, en comportements passifs-agressifs ou en verrouillage émotionnel.
- *Les relations stressantes* représentent une des sources de déperdition d'énergie les plus sérieuses et les plus fréquentes. Nous espérons que ce livre contribuera à leur meilleure gestion.
- *Ne pas faire ce qu'on aimerait dans la vie quotidienne.* N'avons-nous pas été conçus pour nous lever le matin dans l'enthousiasme devant la journée qui nous attend ? La notion de travail est étrange, tellement à l'opposé des rythmes naturels de la vie. Nous sommes si nombreux à accepter de passer de longues heures à faire tout autre chose que ce que nous aimerions faire ! Et quand nous ne travaillons pas, nous passons souvent beaucoup de temps à des activités qui ne nous comblent pas davantage. Combien d'entre nous, s'ils prenaient du recul pour examiner leur existence, constateraient qu'ils ne vivent pas en accord avec leurs véritables priorités ?

Si la vie a perdu de son intérêt, votre esprit vous demande peut-être de redécouvrir vos vrais besoins. Si vous prenez le temps de nourrir votre esprit, vous pourrez mieux distinguer vos besoins authentiques de ceux qui le sont moins. Ce que vous n'avez jamais réellement désiré ne vous satisfera jamais, en quelque quantité que ce soit.

Nous pensons qu'il est particulièrement important pour les femmes de s'épanouir en dehors de la relation conjugale (nous ne parlons pas de sexualité). Elles atténuent ainsi leur ressentiment traditionnel né d'un perpétuel don d'elles-mêmes. De plus, en trouvant une valeur ajoutée à l'extérieur de la relation, elles diminuent la pression sur le partenaire dont elles se sentent moins dépendantes. Trouver du temps pour ce qui nous épanouit n'est pas égoïste. C'est au contraire un acte de renouvellement qui libère et rend plus efficacement actif.

- *Le manque d'exercice.* À tout moment, notre corps contribue beaucoup plus que nous ne le croyons à la qualité globale de notre forme. Nombre d'entre nous s'habituent à un corps désensibilisé sans se rendre compte à quel point il affecte alors leur état de conscience. Avec un corps sans vitalité, nous devenons apathiques sans nous en apercevoir.

  Comme toutes les autres fuites d'énergie, le manque d'exercice peut être une habitude qui se nourrit d'elle-même. Mal à l'aise dans un corps avachi qui tourne au ralenti, on essaie d'y échapper par toutes sortes de complaisances qui, après un soulagement initial, laissent l'organisme plus las et déséquilibré. Avec un niveau d'inconfort aggravé, le corps affaibli trouve la perspective d'une dépense physique encore plus rébarbative. Pour compléter ce cercle vicieux, l'absence d'exercice contribue à un état dépressif qui pousse vers des activités malsaines.

  Pour échapper à ce pénible schéma, imaginez que vous poussez une voiture tombée en panne. Il faut un gros apport d'énergie pour la faire démarrer mais une fois qu'elle roule, une poussée

beaucoup plus légère suffit à entretenir le mouvement en avant. Le principe est le même pour sortir de votre inactivité.
Si vous voulez vous évader de la prison de l'apathie, mettez votre énergie physique en route. Étirez-vous, dansez, et libérez et dénouez votre corps afin de donner libre cours à votre force vitale. De même que vous ne pouvez tirer des sons harmonieux d'un instrument faussé, il est difficile d'être heureux dans un corps dont les besoins ont été trop longtemps négligés.

- *Absence de contact avec la nature.* Il est utile de prendre conscience de la sensation d'enfermement. Pour Martha et moi, il s'agit d'une impression d'étouffement de l'esprit et de renfermé comme dans une cellule à l'air rance et mal éclairée. Ces symptômes sont facilement soulagés par une escapade au grand air, loin du vacarme de la ville. Rien ne rétablit mieux ni plus vite l'équilibre et une juste perspective dans un cœur troublé que de laisser l'harmonie de la nature nous pénétrer et nous guérir.
- *Être privé de temps pour soi.* Nous apportons tellement plus à l'intimité en sachant nous accorder des moments de solitude! Un sous-produit de l'accoutumance à l'hyperactivité est de travailler et de nous détendre continuellement avec les autres au détriment de face-à-face avec nous-mêmes. Dans les sociétés modernes, nous sommes nombreux à nous laisser entraîner dans un style de vie qui semble avoir son propre élan d'énergie fébrile et agitée. Le résultat est un profond déséquilibre dans lequel une source majeure de nourriture spirituelle a été tarie. C'est pourtant lorsque nous sommes seuls que nous pouvons le plus souvent nous abreuver à la fontaine du silence.
- *La résistance,* de façon générale, est une perte d'énergie fondamentale. Elle affaiblit notre vitalité naturelle en paralysant l'énergie qui devrait circuler librement. Dans la vie quotidienne, les problèmes naissent beaucoup plus de notre résistance que des circonstances auxquelles nous nous opposons.

Ce phénomène se présente sous diverses formes, mais elles ont en commun la sensation que les choses ne sont pas comme elles devraient être, une sensation qui conduit à une crispation du corps et de l'esprit. Elle est souvent accompagnée d'un effort angoissé pour contrôler les événements et de la peur que l'avenir ne se déroule pas selon notre désir. Nous résistons face au comportement de notre partenaire, à notre état de santé, à nos humeurs et nos sentiments, à notre situation financière et, de façon générale, face à tout ce qui ne va pas dans le sens que nous souhaitons.

Apprendre à accepter est le thème majeur de la plupart des grands enseignements spirituels, en particulier dans les philosophies orientales.

- *Piètre respiration.* Les émotions et la respiration sont étroitement liées. Les émotions positives sont associées à une respiration profonde, régulière et plus lente ; les émotions négatives à une respiration superficielle, irrégulière et plus rapide. Quand votre état émotionnel se modifie, votre respiration en est affectée.

  Mais cette proposition est réversible, un fait particulièrement intéressant pour ceux qui veulent transmuter leur énergie. Modifier sa respiration a un effet important sur l'état émotionnel : le premier pas est d'en prendre conscience, le second de relaxer son diaphragme.

  La respiration associée à une sensation de liberté, de paix, de joie a pour caractéristiques principales un diaphragme souple et détendu, un ventre qui se gonfle à l'inhalation, un buste presque immobile. Essayez de pratiquer consciemment cette respiration pendant quelques minutes, assis ou allongé, sans rien faire d'autre que de vous concentrer sur elle. Vous constaterez peut-être que les sentiments pénibles émergent plus difficilement dans ce nouveau contexte. Expérimentez et vous en viendrez à apprécier le puissant effet d'une respiration consciente sur votre état émotionnel.

- *Manque de contact.* Le besoin d'être touché est le plus évident parmi les jeunes humains et animaux mais il nous concerne tous également. L'absence de contact physique s'apparente à la privation d'un nutriment de base.
  Pour nous enrichir, le contact doit être aimant et conscient. Le contact sexuel peut l'être, bien que ce ne soit pas toujours le cas. Acquérir l'art du massage est une excellente façon d'offrir ce merveilleux cadeau. Cinq ou dix minutes de massage de la tête, de la nuque, des épaules, du dos ou toute autre partie du corps ayant besoin d'attention peuvent combler ce manque extrêmement important.
  À ce propos, beaucoup de personnes âgées cessent de bénéficier d'un contact corporel. Découvrir dès maintenant la valeur du toucher peut vous permettre, à vous et votre partenaire, de ne pas en être privés quand vous serez plus âgés.
- *Le processus de la pensée.* C'est la fuite d'énergie suprême, tellement inhérente à notre nature que nous ne la percevons même pas comme telle *(cf. chapitre 5, L'échappatoire suprême).* Mais comme nous l'avons vu auparavant, la peur qui envahit notre pensée est à l'origine d'un grand gaspillage d'énergie.

Éliminez les fuites d'énergie

En remédiant aux pertes d'énergie, vous en accroîtrez et harmoniserez vos réserves et de plus, vous nourrirez l'aspect spirituel de votre intimité en créant les conditions d'une plus grande conscience de vos interactions.

Votre façon de débuter la journée influence votre niveau de conscience. L'habitude de commencer en se versant une tasse de café et en se plongeant dans le journal l'oriente dans une direction ; une autre consiste à lire ensemble quelques pages qui rappellent les principes dont vous désirez vous inspirer toute la journée. Méditer ensemble, même un court instant, est un autre moyen de rester conscients de vos priorités. La conclusion de la journée mérite aussi votre attention car elle détermine le type d'énergie qui vous accompagne dans votre sommeil.

Accordez-vous assez de temps pour calmer l'agitation de chaque jour. La méditation, le yoga, toute discipline qui équilibre et harmonise l'énergie peut vous aider. Partagez votre volonté commune d'être plus conscients ou plus aimants. Discutez vos succès autant que vos difficultés et félicitez-vous mutuellement pour le progrès accompli. Ne manquez jamais de vous ouvrir ensemble aux intuitions de la sagesse que vous pouvez recevoir en chemin.

Autant que possible, restez en contact avec la nature, faites ensemble des promenades dans de beaux sites. Entretenez la sensibilité de votre corps. Accrochez des notes aide-mémoire dans votre intérieur. Rencontrez d'autres couples cherchant eux aussi un éveil de la conscience. L'un à l'autre, rappelez-vous affectueusement ce qui est important et ce qui ne l'est pas. Soutenez et encouragez-vous mutuellement dans toutes les activités qui peuvent promouvoir une plus grande vigilance et davantage de vitalité.

Pour Martha et moi, une activité a été particulièrement bénéfique dans le développement de notre sensibilité du corps et de l'esprit depuis vingt-six ans. Peu de temps avant de la rencontrer, j'avais découvert le hatha yoga et nous en avons partagé la pratique. À trente-deux ans, je commençais à éprouver les premiers signes de l'âge. J'ai compris que ce type de yoga devait avoir un effet profond sur la façon dont le corps vieillit. En l'espace de quelques semaines, mes sensations corporelles et ma liberté de mouvement avaient nettement évolué.

La sensation, que je n'avais jamais éprouvée auparavant, est difficile à formuler. Je me sentais plus jeune, plutôt comme un animal – un animal sauvage qui se déplace avec plus de grâce. Je respirais plus profondément, plus lentement, je m'étais redressé naturellement. Je me sentais plus en éveil et plus dynamique mais aussi plus détendu. Quand je m'asseyais, un calme immédiat m'envahissait souvent.

Le yoga est un puissant levier pour introduire un changement. Un de ses principaux aspects consiste à explorer la nature des blocages de l'énergie. En vieillissant, le corps se raidit autour des nerfs, des glandes, du système circulatoire et des tissus. Le yoga permet d'entrer en contact direct avec la nature de la résistance du corps au point de sentir effectivement ces blocages. Ses exercices subtils permettent au corps de commencer à se libérer des contractions qui restreignent son fonctionnement harmonieux. En poussant les mouvements de façon répétée jusqu'à leur limite et en s'y attardant, on élargit progressivement la marge d'étirement dans le sens d'une ouverture libératrice du corps.

Avec le temps, les postures qui m'étaient d'abord apparues impossibles ont abouti à une souplesse presque miraculeuse. Les limites ont reculé de plus en plus sans effort de ma part, bien que j'aie pris soin de m'attarder de façon aussi consciente que possible sur mes plus intenses contractions. J'en suis venu à comprendre que la qualité du yoga ne dépend pas de la souplesse personnelle mais plutôt de la qualité de l'attention qu'on accorde à ses propres limites.

Jouer avec les limites implique de trouver un équilibre constructif entre les extrêmes du contrôle et de la démission, de la sécurité et du risque. La capacité d'attention s'en trouve affinée. Utiliser son propre corps comme un maître modifie le rapport qu'on entretient avec lui. Il cesse de nous être étranger et en réalité, le réglage de ses mécanismes peut s'affiner au fur à mesure qu'il vieillit.

Au fil du temps, j'ai découvert que les limites dépassent de loin le domaine physique. Pratiquer le hatha yoga s'apparente à pénétrer l'étroite extrémité d'un entonnoir qui s'élargit et s'ouvre sur des domaines insoupçonnés.

Discipline et liberté

Le mot *discipline* est souvent employé pour désigner un moyen de contraindre un sujet à faire ce qu'autrement, il préférerait éviter. Mais la discipline peut être tout autre chose dans une vie d'adulte et elle est indispensable au progrès.

Une partie de nous-mêmes aspire à l'ordre calme et pur de la vie spirituelle. Elle ne désire pas être victime d'envies irrépressibles, dominée par des pulsions contraires à son intérêt supérieur. Une autre partie rêve des découvertes fascinantes qu'offre la vie des sens et ne veut pas en voir la passion éteinte par des mesures ascétiques radicales. Cette partie de nous-mêmes veut satisfaire les pulsions du moment, où et quand elles se manifestent.

L'aptitude à la discipline devient essentielle quand votre sagesse intérieure la plus profonde vous incite à imaginer le résultat de la suppression de vos fuites d'énergie. La même force universelle qui pousse tout individu à être plus vivant et plus créatif vous suggère maintenant de cesser de faire ce qui, en vous apportant une satisfaction immédiate, vous rend en réalité plus apathique et mécanique. La vraie discipline n'est pas l'interdiction de tel ou tel comportement particulier, mais la capacité d'écouter et de vous laisser guider par votre sagesse intérieure.

Identifiez vos plus grosses fuites d'énergie, qu'il s'agisse de nourriture, de drogues, d'absence d'exercice, de distractions insipides, de problèmes émotionnels non solutionnés ou de quoi que ce soit : changer ne serait-ce qu'un point particulier déclenche souvent une réaction en chaîne qui se propage à tous les domaines de la vie.

Une véritable magie peut opérer quand un couple explore la possibilité de supprimer les fuites d'énergie. Toute forme de discipline que vous adopterez avec votre partenaire apportera plus de conscience dans votre vie. Rendez cette discipline plus attrayante en vous soutenant mutuellement. Imaginez ensemble des solutions qui atténuent ou éliminent certains des aspects de votre vie qui provoquent un gaspillage d'énergie.

En concentrant votre attention sur les fuites d'énergie, vous pouvez littéralement transformer le climat de votre foyer en un laps de temps remarquablement court.

10 La peur

Qu'est-ce que l'ego ?

TOUTE PERSONNE QUI S'EXAMINE avec un minimum d'honnêteté reconnaît qu'elle aimerait changer certains aspects fondamentaux de sa personnalité avec lesquels elle est mal à l'aise ; et toutes celles qui essaient rencontrent inévitablement de gros obstacles. Il est indispensable de bien les connaître et de bien évaluer leur importance pour pouvoir changer. Où se situent ces obstacles ?

Le lot personnel de chacun se trouve dans une certaine strate de son esprit. Pour découvrir ces barrières, divisons notre conscience en trois niveaux. Le niveau extérieur est notre personnalité superficielle, notre esprit conditionné, piégé dans l'illusion et imprégné de peur mais clamant souvent qu'il veut l'amour et la paix. Le niveau le plus profond est celui du cœur, notre vraie nature d'où rayonne l'amour. La couche intermédiaire constitue le gros obstacle à franchir. C'est là que se situent les strates de nos ténèbres intérieures les plus insaisissables, le noyau dur de nos illusions, notre inconscience. C'est là que s'emmêlent les fils distordus et cachés de la peur et de la culpabilité dont l'énergie et l'influence dépassent de beaucoup celles du niveau extérieur. Parce qu'en général nous l'ignorons, c'est de manière insidieuse que cette strate fait obstacle à l'expérience directe du plus profond de notre être. Pour être en mesure de changer, nous devons la prendre très sérieusement en considération. Tant que nous l'ignorons, nous en faisons notre prison.

Gurdjieff, l'énigmatique maître spirituel russe, a déclaré un jour que pour sortir de prison, l'étape la plus importante est de reconnaître d'abord que nous sommes en prison. Notre prison est constituée par tout ce qui nous empêche de ressentir notre droit naturel à l'amour et à la joie. Nous l'appelons l'ego. Nous n'employons pas ce terme dans le sens qu'il revêt dans la psychanalyse freudienne mais plutôt pour désigner une partie de notre esprit que nous créons nous-mêmes. L'ego est dominé par la peur et incapable d'amour parce qu'il se croit distinct et coupé du grand Tout. Une des étapes indispensables pour accéder à la liberté consiste à apprendre à reconnaître quand nous nous trouvons piégés dans une de ses multiples formes.

L'ego est la notion de notre identité qui repose sur une erreur fondamentale de perception. En un point de notre chemin, notre esprit arrive à la conclusion qu'il est coupé du tout comme une vague qui se croirait séparée de l'océan. De cette seule pensée émerge toute notre perception du monde. L'ego, cette entité apparemment distincte, trône en son centre. Dans cette optique, mon moi m'apparaît comme un corps coupé de tous les autres moi et séparé de la source de toute vie. Comme toute chose dans l'univers de la forme, cet ego fait face à la certitude de la cessation de son existence à plus ou moins long terme. En oubliant qu'elle fait partie de l'océan, la vague redoute comme la catastrophe ultime de se briser sur le rivage.

L'ego ainsi défini est la source de tout conflit et de toute douleur dans notre intimité car il ne coexiste pas avec l'amour. Quand l'ego est présent, la peur domine notre état de conscience et nous avons des problèmes ; quand l'amour est présent, nous rencontrons des défis et des obstacles mais sans la peur, nous n'avons pas de problèmes. Ce qui, en un sens, simplifie considérablement les choses. Au lieu d'être confronté à un assortiment de difficultés dans son intimité, un couple doit faire face à un défi unique. Celui de l'ego, évidemment, semble énorme parce qu'il est si profondément enraciné, si obstiné et souvent si intense.

Dès que l'ego se manifeste, la peur rôde. Elle imprègne toutes ses activités parce qu'il est terrifié par la perspective de sa propre disparition. La plupart de nos réactions à la peur ne font qu'engendrer un surcroît de peur. Nous devons apprendre à y réagir autrement pour échapper à ce piège.

Les *multiples formes de la peur*

La peur fait partie de la vie humaine comme l'hiver et la nuit font partie des cycles de la nature. Elle offre de précieuses possibilités de mûrir pour atteindre la pleine intelligence de soi.

Rien n'affecte plus la qualité de ma vie que ma façon de réagir à la peur. Elle se manifeste sans cesse sous de multiples formes dans ma relation avec ma partenaire, quand je lis le journal, regarde la télévision, dans mes rapports avec autrui et tout particulièrement, face au bavardage de mon esprit.

La peur est un arbre à maintes branches : ennui, apathie, dépression, maladie, anxiété, douleur, blessure, blâme, culpabilité, conflit, violence, inquiétude. Si éloignée du tronc que soit l'extrémité d'une branche, elle transmet toujours cet élément essentiel de peur, cette crispation malsaine du corps et de l'esprit qui fait obstacle à l'aperception de l'amour. Quand l'amour semble absent, vous pouvez être certain que la peur est présente.

Quand les choses vont mal, la peur annonce qu'elles n'iront jamais mieux : la souffrance que j'éprouve ne s'effacera jamais, la cause est sans espoir. Quand tout va bien, elle me rappelle que cela ne durera pas, que le vent va tourner, que je vais perdre ma santé, mon argent, mon travail, ma bonne humeur – la peur s'assure que nous ne soyons jamais gagnants.

Avoir la peur pour maître

Tapie à quelques centimètres sous la surface, elle attend. Elle se faufile dans le noir et vous invite avec beaucoup de conviction à écouter ses conseils afin de vous mettre en sécurité. Nous les croyons, bien que l'idée que la peur puisse nous mettre en sécurité aille à l'encontre de toute raison. Nous nous bardons d'une armure de rigidité musculaire parce que nous éprouvons un besoin de protection ; mentalement, nous nous inquiétons de façon obsessionnelle, nous nous accrochons au passé, nous essayons de contrôler un futur incontrôlable, nous résistons au présent, nous cherchons en vain une sensation de sécurité. Nous érigeons aussi des défenses au niveau émotionnel en nous fermant le cœur. Le mécanisme même qui prétend nous "protéger" sert à empêcher l'amour de se manifester.

Jour et nuit, l'esprit en surchauffe se maintient dans un état de tension permanente, contracté face à la menace qu'il perçoit pratiquement en toute chose. Nous redoutons un danger dans le comportement de notre partenaire, dans la remarque sans aménité d'un tiers, dans la perspective de vieillir, dans notre travail, notre plaisir, nos finances, notre corps. Et si adroitement que nous manipulions nos images, la sensation de menace ne lâche jamais prise.

Nous sommes habitués à écouter la peur parce qu'elle nous promet ce que nous désirons désespérément. Comme dans les mythes où le diable est toujours séduisant, intelligent et crédible, la peur est rusée et sait comment paraître terriblement raisonnable. Elle joue un rôle utile en attirant notre attention sur la nécessité d'agir sans délai quand le corps est confronté à un danger réel. Mais en dehors du danger physique, avons-nous réellement quelque chose à craindre ? Soit la peur psychologique est réelle et justifiée, soit elle résulte de l'interprétation d'une illusion.

En me promenant dans l'obscurité, j'aperçois une corde et je la prends pour un serpent. Ma peur est réelle, mais elle ne repose que sur une erreur. J'ai peur, mais je ne suis pas vraiment en danger. Nous voulons découvrir si la majeure partie de nos peurs ne sont pas de cette nature.

Accueillez la peur avec amour

Si la sensation de menace n'est qu'une interprétation, il y a une autre façon de percevoir la réalité. La voix de la peur n'est pas le seul maître disponible.

Bien que je puisse être incapable d'empêcher la peur de surgir dans mon esprit, j'ai le choix de l'accepter ou non comme mon maître. Il en existe un autre, que nous appelons la voix de la vérité de l'amour, ou sagesse intérieure. Jamais loin de ma conscience, cette voix calme est souvent couverte par le bruit de l'esprit imprégné de peur. Chaque fois que je prends assez de recul pour l'interroger, cet autre maître m'informe que comme je l'ai toujours été, je suis en sécurité. Mais quand je reste enfermé dans l'habitude de croire ma peur, je me demande rarement ce que l'amour est en train de me souffler.

La voix de l'amour est disponible même à un esprit au "contenu" envahi par la peur. Ce que j'appelle "contenu", c'est le flux changeant des événements intérieurs et extérieurs : le soleil qui brille, un chant d'oiseau dans le lointain, une douleur dans mon genou, un manque de dynamisme, une envie de manger quelque chose, une vague tristesse...

À tout moment, je suis libre de choisir mon attitude par rapport à ce contenu. J'appelle cette attitude le *contexte.* Je peux accueillir le contenu dans un contexte de *non* ferme, ajoutant foi à la peur et résistant au contenu. Je peux aussi accueillir ce contenu avec amour dans un contexte de *oui.* Cette attitude positive est particulièrement utile quand la peur est elle-même le contenu auquel je suis confronté. Je ne la nie pas et ne la refoule pas, je l'accueille comme telle. Dans la pratique, quelle est la sensation ?

Quand vous êtes conscient d'avoir peur, éprouvez-la d'abord dans la pureté de sa propre nature en renonçant aux pensées qui l'accompagnent habituellement. Inspirez profondément à plusieurs reprises avec un diaphragme détendu. Puis comme pour l'entourer d'amour, assouplissez mentalement votre peur à la manière dont vous décontracteriez les muscles autour d'une piqûre pour transformer la douleur en simple sensation.

Tout instant de la vie vous offre une nouvelle occasion de choisir l'amour, d'apporter la lumière où régnait l'obscurité, d'ouvrir votre cœur alors qu'il était fermé. Choisir l'amour est un geste simple, toujours possible, toujours identique quel que soit le contenu de l'instant.

Identifier la peur dans tous ses états est un défi permanent. Un sentiment particulier émerge quand elle cherche à s'installer dans notre esprit pour y prendre racine et prospérer. Il est bon de le reconnaître dès qu'il se manifeste dans votre corps, votre cœur, votre façon de penser. Réalisez qu'il s'agit de cette même voix de la peur que vous avez crue toute votre vie. Comme le dit le proverbe, "la peur est mauvaise conseillère". Voyez où l'écouter nous conduit tous. Envisagez de refuser ses enseignements et d'écouter un autre conseiller.

La peur est assez méfiante pour prendre souvent l'apparence de l'amour mais on peut toujours la reconnaître à sa façon de procéder : même sous les traits de l'amour, elle résiste et lutte, blâme et juge. Elle prospère quand je raisonne avec elle et même quand je lutte contre elle, car l'une et l'autre attitude impliquent que j'accepte de croire à la menace d'un danger réel et par conséquent, elles entretiennent ma peur. La rencontrer à son propre niveau est la plus grosse erreur.

N'ayant pas plus besoin de lutter contre la peur que la lumière n'a besoin de lutter contre l'obscurité, l'amour ne résiste pas. Il rayonne simplement, dissolvant la peur dans sa lumière. Il accueille tout le contenu de l'expérience, plaisante ou pénible. Ce type d'amour vit sur un autre plan que le dualisme du bon et du mauvais, ne s'accrochant pas au premier et ne résistant pas au second.

Chaque fois que je rencontre la peur, je suis libre d'y répondre par oui ou par non. Quand je réponds oui, j'accepte que l'instant soit exactement ce qu'il est. J'accepte que ma partenaire ait peur ou soit en colère, qu'elle ne me témoigne pas son amour. J'accepte ma crispation émotionnelle face à cette situation, que ma réaction à ma partenaire soit imparfaite. J'accepte de faire confiance au processus qui nous a conduits au point où nous nous trouvons. Mon consentement à dire oui à ce moment est la voix de l'amour en action.

Le lieu et l'instant où je décide entre la peur ou l'amour est généralement inconscient. Cependant, je ne peux modifier ma décision à moins d'en être conscient. Par conséquent, pour apprendre à choisir l'amour, je dois apprendre à être conscient du point précis où intervient ma décision.

J'ai pris conscience d'un tel instant un jour où j'ai glissé sur la glace et suis tombé brutalement, le souffle coupé. Il y eut une brève pause, puis de façon inattendue, j'ai éclaté de rire. Juste avant de rire, je me rappelle que, durant un centième de seconde, j'ai eu le choix dans un moment de vérité : j'ai vu que je pouvais être vraiment furieux ou décider d'en rire. Je suis conscient d'avoir fait un choix en cet instant précis, le choix qui, en quelque sorte, m'a alors semblé le plus salutaire.

Je désire développer cette conscience plus globalement. Dans la seconde qui précède celle où je me mets en colère contre ma partenaire, je fais effectivement ce choix, probablement de façon inconsciente. Je veux en devenir conscient afin de pouvoir en faire un différent. Je veux approfondir ce que je commence à soupçonner: au fond, j'ai toujours le choix. Je veux utiliser autant de moments négatifs que possible pour m'entraîner à repérer quand et comment j'opère mon choix, et choisir à nouveau. L'intimité avec un ou une partenaire en offre beaucoup d'occasions.

Chaque fois que je m'élève consciemment au-dessus du champ de bataille, je constate que la sortie du conflit est instantanée.

Faire ce geste aussi souvent que nécessaire m'a conduit à suspecter que le système de pensée sur lequel j'ai basé ma vie est totalement erroné. La peur est mauvaise conseillère. Afin de la repousser, j'ai dépensé beaucoup d'énergie à tenter de m'assurer sécurité, plaisir et pouvoir. Il est clair que rien de tout cela ne m'a accordé et ne m'accordera jamais ce que je veux réellement. Il devient de plus en plus évident que seul l'amour m'apportera la satisfaction que je désire si ardemment.

Une force puissante se déploie quand un couple s'unit pour faire front à la peur. Réalisant qu'ils ont passé une vie à écouter sa voix, ils unissent alors leur sagesse, s'enjoignant mutuellement aussi souvent que possible d'écouter celle de l'amour. Celui qui est le plus conscient peut éclairer le chemin.

La véritable cause de l'inconfort

Quand je vivais en Alaska, j'ai un jour acheté environ trente hectares de terrain écarté avec un ami. Nous y avons rapidement implanté une cabine de sauna de deux mètres sur trois dans laquelle nous avons passé l'hiver frigorifiant et presque totalement obscur de Fairbanks, tandis que nous construisions une plus grande cabine. C'était vraiment une expérience en matière d'intimité!
Un matin, je me suis réveillé trempé de sueur, rôtissant inconfortablement dans la pièce surchauffée. Je me suis plaint à mon ami en train de tisonner le poêle à bois. "Pour l'amour du ciel, Findlay, baisse le thermostat et ouvre la porte! Il fait au moins 35° C là-dedans!"
Findlay se tourna vers moi et m'annonça calmement qu'il avait eu envie de commencer la journée par un sauna. Quelque chose d'étonnant se produisit alors. Tout à coup, la chaleur, de plus en plus intense à chaque seconde, cessa totalement de me sembler insupportable et se métamorphosa comme par magie en chaleur confortable de sauna.

J'ai été frappé par cet incident et j'y ai longtemps réfléchi après coup. La même sensation physique intense avait d'abord été perçue comme l'intrusion détestable d'une chaleur poisseuse, puis comme une chaleur agréable. Sur le moment, si l'on m'avait demandé d'où était venu mon inconfort, je n'aurais certainement pas douté qu'il venait de ma sensation de chaleur excessive. Mais un instant plus tard, le mot *sauna* avait suffi à déclencher une puissante transformation de mon expérience. Associé à la notion d'une chose désirable, ce symbole m'avait permis d'abandonner toute résistance à la chaleur. Soudain, je m'étais accordé la permission de prendre plaisir à ce que j'avais détesté un instant plus tôt.

Le doute n'était plus possible. La source de mon inconfort ne pouvait être, comme je l'avais supposé, la simple expérience de la chaleur. Elle se trouvait plutôt dans l'esprit à travers lequel elle avait été interprétée. Un léger glissement dans la perspective et le malaise était devenu confort.

Quand nous sommes perturbés, nous croyons en général que notre malaise a été engendré par les circonstances. Dans les rapports intimes, nous acceptons traditionnellement l'idée que quand nous sommes contrariés, c'est à cause des imperfections de notre partenaire. Mais un glissement de perspective décisif se produit quand nous commençons à remettre en question la cause de nos sentiments.

Nous ne sommes pas contrariés pour les raisons que nous imaginons. Notre croyance nous dit que nous le sommes parce que notre partenaire nous a parlé avec colère ou accusé de quelque chose que nous n'avons pas fait. En réalité, nous sommes bouleversés par notre interprétation de ses actes ou de ses réactions. À travers le filtre de notre esprit conditionné, nous déduisons que sa colère injuste signifie que nous sommes menacés.

Quand ce type de peur surgit, le malaise qu'elle provoque est peut être la façon dont l'univers nous signale que nous le percevons à travers une lentille déformante. Il nous invite à nous interroger sur l'attitude intérieure dans laquelle nous avons accueilli l'incident perturbateur.

Sous leur apparente diversité, nos moments de contrariété présentent une monotone similarité. Il a fait ceci, elle a dit cela, ce qui signifie que je ne suis pas en sécurité. Conclusion, quand ma partenaire émet une critique, me regarde d'une certaine façon, me parle sur un certain ton, ou ne m'écoute pas, ne m'accepte pas tel que je suis, n'est pas émotionnellement présente ou sexuellement réceptive, j'interprète tout cela comme un signe de danger.

Je reconnais que je me livre à ce genre d'interprétation quand je ressens une perte d'énergie et une contraction corporelle, je le reconnais à mes idées noires, à ma façon de blâmer ma partenaire et de me fermer le cœur, à mon attitude défensive ou ma sensation d'être blessé et rejeté. Aucune de ces réactions n'est possible quand je me sens réellement en sécurité.

Il m'est souvent arrivé de sortir d'un supermarché un peu moins heureux que je n'y étais entré parce que la caissière n'avait pas été aimable avec moi ; quand quelqu'un ne se montrait pas amical, j'avais décidé que j'étais menacé.

Dans les moments de lucidité, je me rends compte que l'interprétation est une erreur commise par un esprit confus. Il devient de plus en plus évident que 99,9 % de la souffrance ou du malaise que j'ai pu éprouver dans ma vie d'adulte résultent de semblables interprétations erronées. La sensation de menace permanente existe en l'absence de tout danger réel. Il en va de même pour ma partenaire.

Quand Martha et moi examinons notre propre négativité, nous aboutissons toujours à cette vérité – que les choses ne sont pas ce qu'elles ont l'air d'être. L'esprit se trompe en croyant que nous sommes en danger et que notre douleur vient de l'extérieur. Ni les événements ni ma partenaire ne provoquent ma souffrance. Elle n'est causée que par mon esprit et plus particulièrement, par cette partie de mon esprit que j'appelle l'ego.

L'*ego est-il réel* ?

L'ego qui joue un rôle si prépondérant dans les relations, semble si dense, si concret et si réel qu'il peut paraître étrange de s'interroger sur sa réalité. Cependant, le remettre constamment en question semble éroder son emprise. Des moments de lucidité, des éclairs de vérité nous démontrent qu'il a autant de réalité que le cauchemar d'un enfant. Le cauchemar est très réel pour l'enfant qui le fait ; il est néanmoins dépourvu de toute substance.

Quelle incidence sur la vie quotidienne si l'ego n'a pas de réalité ? Notre réaction à une chose réelle ou une autre qui ne l'est pas est très différente. Pensez au nombre incalculable de fois où vous avez réagi à l'ego de votre partenaire par l'agressivité et la défense comme si vous étiez réellement menacé. Si l'ego n'a pas de réalité, vous ne pouvez pas être menacé et n'êtes donc pas obligé de vous défendre.

Chaque moment de crainte recèle une occasion d'exposer et de contester la réalité de l'ego. Et s'il n'est pas réel, inutile d'être dur avec vous-même parce que vous semblez en avoir un. S'il n'a pas de réalité, il ne peut être ni plus gros ni plus petit, ni meilleur ni pire que celui de quiconque, bien qu'il soit dans sa nature de se condamner et de condamner les autres.

Il ne peut y avoir de véritable intimité entre deux ego, mais elle peut se développer entre deux personnes déterminées à sortir du rêve. Chaque fois que notre partenaire s'adresse à nous à travers son ego est une occasion de nous détacher du nôtre et de percevoir le sien comme dépourvu de réalité. Notre partenaire nous fait donc un cadeau en nous offrant une nouvelle possibilité d'éprouver l'amour en modifiant le regard que nous portons sur lui. Nous ne sommes pas nos ego.

Pénétrez ensemble dans l'obscurité

En observant d'un avion une rivière coulant vers l'est, vous remarquerez qu'au fil de ses méandres, elle se dirige tantôt vers l'ouest, tantôt vers le nord ou le sud. Si vous suivez son cours, vous aurez parfois l'impression d'aller vers l'ouest alors que l'est est sa direction ultime.

De la même manière, alors que votre intimité s'approfondit, vous pouvez vous attendre à ce que vos rapports semblent parfois régresser, devenir plus négatifs, plus erratiques, plus sombres et inconfortables que jamais. Votre négativité accrue peut en réalité être un signe très salutaire, indiquant que vous avez su créer suffisamment de sécurité et de confiance pour que vos plus profonds niveaux de peur, de souffrance et de colère puissent émerger.

Dans ces moments difficiles, celui des deux qui est le plus conscient peut servir de phare ; et dans une relation équilibrée, ce rôle ne cesse de passer de l'un à l'autre. Celui qui tient la torche peut rappeler à son partenaire qu'ils ont tous deux voulu que leurs bulles de peur et d'inconscience montent à la surface pour y être considérées avec compassion et libérées. Plus la négativité est intense, plus vous approchez du noyau de l'illusion. Au lieu de profiter de cette situation pour vous blâmer mutuellement, employez-la pour examiner ce qui se passe réellement.

Tandis que la confiance de Martha et la mienne s'approfondissaient, nous avons parfois traversé des périodes de plusieurs semaines où surgissait fréquemment la discorde. La moindre chose semblait pouvoir déclencher une énorme colère. Par moments, nous pensions que quelque chose s'était terriblement déréglé et que nous allions littéralement devenir fous. Notre rivière vers l'est prenait la direction de l'ouest via de redoutables rapides. Dans le cours de notre relation, nous connaissions aussi de longues périodes qui s'écoulaient calmement, où il était facile de nous montrer aimants.

Nous avons accepté ce rythme comme naturel parce que nous disposions alors des outils pour réagir efficacement à l'obscurité. Au lieu de jours, il nous fallait maintenant quelques minutes pour résoudre les difficultés. Même quand nos ego s'imposaient, nous étions plus souvent capables de nous témoigner notre amour. Au sein de ces crises, nous avons compris que nous étions en train d'éliminer nos pires toxines intérieures.

Martha et moi avons toujours conservé au fond du cœur la certitude de pouvoir créer une vie constamment nourrie par la présence de l'amour dans notre conscience. À ce stade, il n'est peut-être pas réaliste de vous attendre à l'éprouver en permanence.

Mais il vous est possible de prendre de plus en plus conscience de la présence de la peur. Et quand vous l'aurez fait, la prochaine étape importante consistera à vous libérer de vos défenses.

11
Défensive et culpabilité

Les *multiples formes de la défensive*

ÉLIMINER LA DÉFENSIVE est une des grandes tâches de l'intimité. Elle fait obstacle à l'amour et à la communication entre deux partenaires. L'écoute à cœur ouvert peut y mettre momentanément fin quand un point difficile est soulevé. Nous allons étudier plus en détail la cause de l'attitude défensive et comment la dépasser.

Vous avez peut-être remarqué que lorsque votre partenaire vous observe avec un regard critique, vous avez tendance à vous fermer à ses observations. La défensive est rapide et automatique. Elle n'est pas déclenchée seulement par la critique mais pratiquement par toute expression de peur, de colère, de souffrance de votre partenaire. Vous pouvez même réagir à son bonheur et à son succès par la défensive.

Parce qu'elle adopte de multiples formes, il est bon que vous vous familiarisiez avec les formes particulières que prend la défensive pour vous. L'attitude défensive prend souvent la forme de l'attaque ou, au contraire, du repli derrière un mur à l'abri duquel nous boudons. Beaucoup se défendent par le déni. D'autres justifient leur comportement. Certains se gonflent d'importance. Parfois aussi, les distractions constituent une défense. Nous pouvons également ne pas être réellement présents ou traiter la critique avec condescendance, parfois avec humour. Souvent, nous nous défendons en passant de la sensibilité à l'intellect, analysant, sermonnant ou argumentant. Certains éclatent en colères spectaculaires ou en crises de larmes pour ne pas avoir à écouter. D'autres font mine d'abonder dans le sens de leur partenaire puis continuent sans rien changer. Quelle que soit sa forme, l'attitude défensive est à la base de la plupart des tentatives avortées de communication.

Avec un peu d'attention, votre corps peut vous informer sur votre attitude défensive par divers indices : respiration oppressée, contractions de l'estomac, des muscles du visage, du pourtour des yeux, posture défectueuse, ton de voix cassant ou plus aigu, tête dans les épaules.

Deux parents sur la défensive

Gina et Mark formaient un jeune couple charmant, mais ils se disputaient très souvent, apparemment à cause de leurs enfants. Gina prit un ton très véhément pour décrire la préférence de Mark pour Seth, leur aîné, au détriment de leur fille Rachel.

"Ce qui me rend malade, c'est que tu sembles n'avoir aucune notion de l'effet produit sur Rachel. Quand tu entres dans la pièce, tu souris à Seth, tu le prends dans tes bras et tu le traites comme la

huitième merveille du monde. Pendant ce temps-là, Rachel attend dans son coin sa petite ration d'amour et c'est rare qu'elle en reçoive beaucoup de toi. La pauvre petite se dit sûrement que son père ne l'aime pas beaucoup. Je t'ai demandé cent fois de cesser de favoriser Seth si ouvertement, mais tu n'a pas l'air de comprendre ! Je l'ai encore vu hier soir quand tu es rentré du travail."

Mark encaissa avant de rendre les coups. "Eh bien je ne raffole pas non plus de ta façon d'aimer les enfants. Ton idée est de les laisser faire tout ce qu'ils veulent. D'après ce que je vois, tu ne sais comment dire non ni à l'un ni à l'autre et ils te mènent par le bout du nez. Je te regardais hier pendant que Rachel mettait une heure à s'habiller sans que tu bronches. Les enfants ont besoin de fermeté, pas d'un parent faiblard."

Gina, qui essayait effectivement d'être plus ferme, se mit sur la défensive parce qu'au lieu de reconnaître ses efforts, Mark enfonçait le clou à sa moindre faiblesse. Sa voix monta d'un cran quand elle répondit.

"Je ne suis pas parfaite, d'accord ? Mais pourquoi ne vois-tu jamais quand je fais mieux ? Ça me rend furieuse que tu remarques uniquement ce qui ne va pas, jamais que je fais de gros efforts pour imposer une discipline. Pourquoi ne peux-tu pas au moins apprécier mes efforts ?" Et elle éclata en larmes.

Le visage fermé, Mark attendit qu'elle cesse de pleurer et déclara sur un ton blessé : "Eh bien je peux dire exactement la même chose ! Tu m'as reproché maintes fois ce que tu appelles mon favoritisme et crois-moi, j'ai essayé ! J'ai vraiment essayé d'être plus démonstratif avec Rachel et de traiter les enfants également mais tu n'as jamais l'air de t'en apercevoir. Tu t'empresses seulement de me faire des reproches quand j'oublie. On dirait que tu jubiles chaque fois que je fais une erreur."

C'est là un des plus fréquents sujets de discorde entre parents. Gina et Mark avaient chacun l'impression que leur bonne volonté n'était pas reconnue. Ceux qui font de gros efforts pour s'améliorer savent à quel point il peut être frustrant de les voir passer inaperçus alors que leurs manquements sont toujours relevés par leur partenaire.

Pour renoncer à leurs défenses, Mark et Gina ont pratiqué l'écoute à cœur ouvert, chacun écoutant et validant la colère de l'autre sans trouver cette pratique difficile parce que chacun avait fait lui-même l'expérience des sentiments de l'autre. Les voir validés leur permit à tous deux pour la première fois de cesser de se mettre sur la défensive.

Mark pouvait maintenant dire à Gina : "Honnêtement, j'ai l'impression de me donner beaucoup de mal pour traiter les enfants avec égalité ; mais je suis sûr que j'oublie parfois. Je te donne la permission de me signaler quand tu penses que je suis injuste et je promets d'examiner alors honnêtement ce que je suis en train de faire. Et je serai très heureux si tu remarquais mes bons résultats dans cette direction."

Gina remercia Mark d'un sourire et répondit. "Je sais au fond de moi ce que j'ai fait pour définir des limites avec les enfants et je sais aussi qu'il me reste beaucoup à faire. Si tu vois que je me laisse aller, je te donne la permission de me le signaler et j'examinerai ce que je suis en train de faire. Et je crois vraiment que si tu regardes bien, tu verras que je fais des progrès." Mark sembla satisfait de cette réponse.

Leur défenses supprimées, Gina et Mark purent prendre plaisir à reconnaître leurs efforts respectifs. Ils étaient enfin devenus des alliés pour promouvoir ce qu'ils désiraient tous les deux accomplir, à savoir le meilleur pour leurs enfants.

La carapace de la personnalité

Les défenses ne sont pas seulement des réactions à des événements particuliers. À un niveau plus profond, elles constituent une structure psychologique sophistiquée qui se met en place dès la petite enfance et façonne notre perception du monde.

En se différenciant des adultes au cours du processus normal et salutaire d'individuation, les jeunes enfants érigent aussi une barrière psychologique. Cette façade naît de la croyance que pour assurer notre sécurité, nous devons adopter la conduite que les autres attendent de nous. Là est la clé de notre fausse personnalité qui empêche toute véritable intimité en faisant écran à la personne que nous sommes réellement.

La majeure partie de ce que nous présentons au monde et percevons des autres n'est que cette carapace de la personnalité. On peut peindre toutes sortes d'images séduisantes ou non sur cette coquille qui fait plus ou moins obstacle au contact et à l'intimité en fonction de son épaisseur. Si les rencontres entre adultes sont si souvent décevantes, c'est qu'elles n'ont pas lieu entre deux êtres mais entre deux carapaces. Les relations ne sont satisfaisantes que lorsque deux essences se rencontrent en l'absence de toute autoprotection. Devenir intimes exige de dissoudre la carapace de la personnalité. Pour que ce soit possible, nous devons remonter à la source de notre attitude défensive.

La source de la défensive

Vous ne vous mettez sur la défensive que lorsque vous êtes mécontents de vous-mêmes ; sinon, vous n'auriez pas besoin de vous défendre. Quand quelqu'un vous critique dans un domaine où vous vous sentez sûr de vous, vérifiez si vous n'avez réellement aucune réaction défensive. Voyez si la critique a une quelconque pertinence et si oui, vous en apprendrez quelque chose. La défensive se développe quand vous commencez à douter de vous-même et de votre valeur personnelle. Le domaine précis dans lequel vous désirez le plus prouver votre innocence est sans doute celui qui provoque en vous le plus de culpabilité. Plus vous vous défendez, plus vous êtes persuadé que vous avez quelque chose à vous reprocher et moins vous vous sentez sûr de vous.

Votre aptitude à l'intimité est fonction de ces structures défensives rigides : soit vous les acceptez comme une nécessité, soit vous remettez en question les bases sur lesquelles elles reposent. Et si vous vous prenez en flagrant délit d'autodéfense, inutile de vous auto-flageller. Demandez-vous plutôt si vous êtes insatisfait de vous-même et livrez-vous à une bienveillante introspection.

C'est une bénédiction de se libérer du besoin chronique d'expliquer, de prouver quelque chose ou de se défendre, car il n'apporte pas la sécurité que nous recherchons. Parfois, mieux vaut dire simplement "Je suis désolé, j'ai fait une bêtise. À l'époque, je ne me suis pas rendu compte de l'effet qu'elle produirait sur toi. J'étais enfermé dans ma réaction émotionnelle. S'il te plaît, excuse-moi."

Votre sensation de sécurité n'est pas tributaire de défenses plus efficaces : elle repose sur la conscience de cette valeur personnelle absolue qui inclut toutes les imperfections. Un esprit innocent n'a pas besoin de défenses.

Défenses et limites

Quand il semble inutile de se mettre sur la défensive, la peur peut se précipiter et nous souffler que sans nos défenses, nous serons victimes du comportement de notre partenaire, qu'il fera de nous ce qu'il voudra. Par conséquent, dit la peur, seules des défenses bien en place peuvent assurer notre sécurité.

Toute personne qui a dépassé la phase romantique d'une relation doit faire face à ce paradoxe. D'une part, l'esprit s'accroche à la certitude apparemment raisonnable que nous ne pouvons survivre sans nous défendre ; d'autre part, il semble également évident que les défenses détruisent l'intimité. Comment assurer à la fois notre sécurité et notre intimité ? Comment nous ouvrir à l'autre et préserver néanmoins notre intégrité personnelle ? La réponse se trouve dans la distinction entre défenses et limites.

Nous avons tous des affinités, des préférences et des besoins, d'où la nécessité d'établir par rapport aux autres des limites appropriées quant à ce que nous sommes ou non disposés à tolérer. L'amour et le respect de soi-même les définissent naturellement. Par exemple, je peux refuser par amour-propre de m'éterniser face à une personne qui essaie de me blesser. J'établis une limite en m'éloignant.

Les défenses que la peur nous conseille pour nous protéger peuvent avoir l'apparence de limites mais les sentiments qu'elles provoquent ne sont pas de même nature. Elles exigent que dans son propre intérêt, le sujet se ferme le cœur, engendrant contraction, résistance, ralentissement de la circulation de l'énergie vitale, blocage, affaiblissement de l'amour. Et elles ont tendance à déclencher les mêmes effets chez le partenaire.

Malheureusement, nous avons appris dès l'enfance à confondre l'instauration des limites avec la fermeture du cœur, leur nécessité ayant été associée à beaucoup d'anxiété. De plus, rares sont les enfants auxquels on a su les imposer avec amour et, par conséquent, apprendre à en établir eux-mêmes sans se fermer le cœur.

Il y a deux sortes de réaction inefficace. Certains évitent de fixer des limites claires pour garder un cœur ouvert – ce qui donne à l'autre un pouvoir injustifié et engendre le sentiment d'être la victime d'un comportement insensible ou inapproprié. D'autres imposent facilement leurs limites en se fermant le cœur, ce qui provoque un autre type de ressentiment. Dans la fonction parentale, par exemple, ces réactions donnent d'une part le parent permissif, d'autre part, le parent autoritaire. Évidemment, aucune n'est efficace ni émotionnellement satisfaisante. Il semble difficile de trouver la réponse qui convienne à la fois aux parents et aux enfants.

En dépit de cette difficulté, apprendre à établir ses limites sans se verrouiller le cœur est indispensable à l'intimité. Les parents le ressentent quand il leur arrive d'y parvenir avec leurs enfants. Il est bénéfique d'explorer ensemble les domaines où les défenses de la peur gagneraient à être remplacées par des limites aimantes et respectueuses. Le ressentiment et la colère signalent souvent la nécessité de les définir. Discutez-en, envisagez ce qu'elles pourraient être et apporter à votre intimité. Voyez ensemble comment vous pourriez vous rappeler affectueusement que ces limites sont possibles.

"J'ai besoin d'espace"

Dans de nombreux couples, le problème des limites se pose de façon particulièrement aiguë quand l'un des deux partenaires a besoin de plus de contact et l'autre, de plus d'indépendance.

Aaron et Shauna formaient un tel couple. Il était très attaché à son indépendance et le problème était qu'il opposait souvent une barrière au besoin d'intimité de Shauna. Elle percevait alors sa réaction comme un rejet, ce qui la culpabilisait et la mettait en colère contre Aaron.

Aaron voyait les choses autrement. Il déclara qu'il se sentait souvent contraint par Shauna à être plus proche qu'il ne le désirait à tel ou tel moment. Quand il éprouvait le besoin d'être seul, il lui était difficile de le lui faire comprendre sans la blesser.

C'est une fréquente source de souffrance dans l'intimité. L'un désire plus de communion ; l'autre, se sentant envahi contre son gré, a envie de battre en retraite. Il n'en résulte en général que des querelles à répétition et des ressentiments. Existe-t-il une façon plus objective de gérer cette situation ?

Dans une relation, un type de désir consiste à voir ses besoins comblés. Vous voulez que l'autre soit présent, qu'il satisfasse quelque envie personnelle, ou qu'il vous laisse tranquille, etc. Mais il existe aussi un autre type de désir : vous souhaitez qu'il fasse ce qu'il désire faire, qu'il soit heureux, qu'il obtienne ce dont il a besoin.

Pour que la relation soit harmonieuse, ces deux types de désirs doivent s'équilibrer. Si vous sacrifiez trop de vous-même aux besoins de votre partenaire, vous détruisez votre intégrité en vous fondant en lui et vous finirez sans doute par lui en tenir rigueur. Par ailleurs, si vous n'êtes pas sensible aux besoins de celui ou celle qui occupe une place dans votre cœur, vous vous privez de la joie et de la richesse du don inconditionnel et la satisfaction de vos besoins personnels s'en trouvera vide de sens. Une relation réussie trouve cet équilibre.

Aaron ne voulait pas que Shauna soit la seule arbitre de leur intimité. Il voulait être lui-même et définir ses propres limites. C'est un besoin parfaitement normal et légitime, qui n'exigeait pas d'Aaron qu'il érigeât des défenses ou repoussât sa partenaire. Il pouvait être lui-même à l'intérieur de sa relation avec elle.

Quand il se repliait, Shauna se sentait comme une petite fille apeurée. Peut-être lui rappelait-il les moments où ses parents n'étaient pas émotionnellement disponibles alors que leur attention était essentielle à son bien-être. Naturellement, elle en gardait la marque. Aaron avait maintenant la possibilité de lui témoigner le respect qu'elle n'avait jamais reçu auparavant en définissant ses limites avec un cœur ouvert.

La culpabilité empêchait Aaron de le faire. Quand Shauna lui reprochait de ne pas être disponible, il se sentait responsable de sa peine et réagissait en coupable. Ce qui le poussait à se retrancher davantage, le rendant d'autant plus incapable d'aider sa partenaire.

Se sentant encore plus abandonnée, elle le sollicitait encore davantage – un cercle vicieux classique.
Cette pénible dynamique fut interrompue quand, pour la première fois, Aaron refusa de succomber à la tentation de la culpabilité. Il accepta au contraire le fait de ne pas être disponible comme Shauna l'aurait souhaité, peut-être même comme il aurait aimé l'être. Mais ne se sentant plus coupable, il réagit différemment.
Il expliqua qu'il avait besoin d'être seul et ne se sentait pas capable d'être disponible, soulignant que dans son cœur, il ne l'abandonnait pas et ne désirait pas la blesser. Il avait simplement besoin de temps pour communier avec lui-même. Il voulait aussi qu'elle sache qu'il respectait ses sentiments et qu'il reviendrait vers elle.
Libéré de sa culpabilité, Aaron pouvait désormais être juste et responsable et trouver le bon équilibre entre ses besoins et ceux de sa partenaire. Il pouvait parfois s'éloigner et se détendre en paix avec lui-même. Ses besoins étant satisfaits, il découvrit qu'en certaines occasions, quelque chose en Shauna l'appelait puissamment et il fut alors surpris de voir s'évaporer son besoin urgent de solitude.
La nouvelle réaction d'Aaron fut rassurante pour Shauna. Il lui devint plus facile de se découvrir du courage sous sa peur de se retrouver seule. Elle pouvait enfin se débarrasser de sa conviction que sa valeur personnelle et sa sécurité exigeaient qu'Aaron soit disposé à communiquer. Dans un refus d'Aaron, elle voyait maintenant l'occasion de trouver en elle l'affirmation de soi qu'elle avait cherchée à l'extérieur. Parce qu'elle était disposée à accepter qu'Aaron exprime ses besoins personnels, il se trouva en mesure de lui accorder plus de confiance. Ils évoluaient enfin vers la liberté.

Quand le mépris de soi projette son ombre

Comme Aaron et Shauna, nous avons presque tous une piètre opinion de nous-mêmes. Les conséquences sont énormes. Nous nous sentons particulièrement coupables quand nous estimons nous être “mal conduits” mais de plus, notre esprit est envahi d’une sensation plus globale de non-valeur. Elle peut se manifester par des sentiments d’incompétence, d’échec ou d’insatisfaction, d’infériorité, par le doute, la haine de soi, par la dépression ou le sentiment que notre vie est globalement “mauvaise”, souvent par une honte profonde. Quand elle se mêle à des sentiments humains tout à fait normaux tels que la tristesse ou le manque, ils peuvent devenir insupportables.

Celui qui se juge “mauvais” n’éprouve pas de respect de lui-même. Il émet inconsciemment le message qu’il ne vaut pas d’être estimé. Les autres le reçoivent de façon également inconsciente, l’acceptent et y réagissent par l’absence de respect. En fait, nous avons tous tendance à respecter autrui dans la mesure où il se respecte lui-même. L’absence d’amour-propre rend difficile d’aimer ou d’être aimé.

Ce mépris de soi sabote notre existence quotidienne. Ceux qui se sentent coupables ont tendance à s’auto-punir par la maladie, la dépression, la boulimie, les accidents, les blessures, le recours excessif aux drogues ou médicaments, en gâchant les rapports humains ou en engendrant la carence et le malaise.

La culpabilité est un phénomène extraordinairement pernicieux. Plus j’observe les difficultés dans les relations, plus je suis convaincu que le mépris de soi est à la base de pratiquement tous les problèmes relationnels.

Laissez-vous votre partenaire définir votre valeur ?

Quand vous étiez petit, le sentiment de votre valeur venait naturellement de vos parents. Devenu adulte, vous devez vous demander si vous laissez encore les autres le définir à votre place. Accordez-vous à votre partenaire, vos parents, vos amis, votre patron ou un enseignement extérieur le soin de décider de votre valeur personnelle ?

C'est souvent le cas. Quand votre partenaire ou parent vous critique, vous vous sentez peut-être tout petit, réduit à presque rien comme s'il avait raison. Si vous protestez, cela implique que vous pensez qu'il y a une part de vérité dans son accusation et qu'elle mérite que vous vous défendiez. Dans les deux cas, vous lui abandonnez le pouvoir de définir votre valeur.

Ne pensez-vous pas que le temps est venu de lui reprendre ce pouvoir ? Si vous étiez certain que son jugement n'a aucune pertinence, votre réaction serait très différente ; si vous étiez en paix avec vous-même, la dureté de l'autre vous apparaîtrait comme un appel à l'aide émanant de sa propre absence d'estime de soi. Une telle attitude ne susciterait pas votre culpabilité mais votre compassion.

Nous devons impérativement apprendre à nous ouvrir généreusement à nous-même, à honorer et respecter notre simple humanité. Cependant, la plupart d'entre nous semblent loin de cette paix intérieure. Existe-t-il une voie vers la découverte de notre valeur fondamentale ?

Les faux moyens de dissiper la culpabilité

Nous essayons de dissiper la culpabilité par divers moyens voués à l'échec. Y renoncer est un pas vers la compassion envers soi-même.

Se fixer un idéal

La première stratégie pour acquérir une meilleure estime de soi consiste à se fixer un idéal qui prouvera notre valeur si nous réussissons à en être dignes. Il peut consister à gagner de l'argent, réussir dans son travail ou sa communauté ; à être séduisant, à rester jeune, mince, discipliné, en bonne santé ; il peut s'agir d'un idéal spirituel tel qu'être tout amour, avoir une bonne moralité, de bonnes pensées et de beaux sentiments, être non-violent, faire de bonnes actions. La vie privée propose ses propres idéaux tels qu'une sexualité épanouie, un partenaire heureux.

Nous espérons atténuer notre sentiment de non-valeur en nous hissant à la hauteur de ces idéaux mais c'est en général l'inverse qui se produit. L'idéal est le je devrais auquel nous confrontons sans cesse ce que nous faisons réellement et que nous trouvons toujours insuffisant. Avec chacune de ces comparaisons, notre culpabilité s'aggrave. En fait, nous ne pouvons jamais satisfaire très longtemps à ces idéaux. Même si nous y parvenons pendant un certain temps, notre esprit réaffirme rapidement notre insuffisance en fixant de nouveaux idéaux hors de portée de nos capacités.

Échouant avec cette méthode, nombre d'entre nous se considèrent comme des "ratés" – une étiquette douloureuse et sans pitié.

Imaginez que vous ayez deux enfants. L'un est beau, brillant en classe, populaire, il a une personnalité sympathique et sait exactement ce qu'il veut devenir. L'autre a de mauvaises notes, il est maladroit, boutonneux, impopulaire et sans orientation définie. Pouvez-vous imaginer de ne pas aimer le second autant que le premier ? Voudriez-vous qualifier de "raté" un enfant désemparé qui n'a pas encore trouvé sa voie ? Ce mot émane de la partie la plus insensible de nous-même. "Raté" pourrait être un équivalent laïc de ce que la religion appelle "pécheur", car les deux termes portent le même jugement négatif.

Tabler sur ces idéaux ne permet pas d'éliminer notre culpabilité fondamentale. Si nous nous sentons foncièrement sans valeur, aucun changement au seul niveau de notre comportement ne pourra agir sur notre culpabilité.

Chercher l'approbation permanente

Une autre méthode consiste à trouver un partenaire qui nous approuve continuellement. Ce que nous lui demandons en réalité, c'est ce regard constamment et inconditionnellement positif qu'étant enfants, nous désirions et n'avons pas obtenu de nos parents. Plus nous avons mauvaise opinion de nous-mêmes, plus nous attendons de notre partenaire qu'il désapprouve cette évaluation défavorable en ne nous témoignant que son amour. Il n'a donc pas le droit d'être humain et d'étaler ses propres blessures d'enfant. Cette stratégie aboutit à un blocage car l'amour doit être donné librement. Ceux qui vivent avec une personne en demande permanente d'amour finissent par se refermer. Plus vous l'exigerez pour calmer votre sentiment de non-valeur, plus vous blâmerez votre partenaire de ne pas vous l'accorder et moins l'amour régnera entre vous.

Le sentiment de supériorité

Cette troisième stratégie consiste à vous entourer de personnes par rapport auxquelles vous pouvez vous sentir supérieur. Votre ego espère qu'en jugeant les autres insuffisants, vous établirez votre supériorité morale et serez ainsi débarrassé de votre sentiment de médiocrité.

Le partenaire est souvent élu pour jouer ce rôle. Beaucoup de couples se plaignent de leur relation, chacun attribuant son échec aux insuffisances de l'autre. Mais le lien entre les reproches à votre partenaire et votre propre sentiment d'insuffisance peut ne pas être évident.

Parce qu'en jugeant votre partenaire, vous adoucissez votre pénible sentiment de non-valeur, vous risquez de devenir très attentif et habile à remarquer ses moindres fautes. Mais ce talent ne sert à rien. Il peut vous apporter d'abord une grossière satisfaction superficielle, mais plus vous jugez, moins vous aimez et plus vous aggravez le jugement que vous portez sur vous-même. Vous allégerez le fardeau de la culpabilité par une prise de conscience plutôt qu'en produisant des jugements sur vous ou votre partenaire.

Ces tentatives fréquentes étant toutes vouées à l'échec, nous voulons découvrir ce qui peut nous aider. L'exploration de deux voix intérieures nous propose un indice.

Culpabilité et conscience

Les chutes font partie de l'apprentissage normal de la marche. L'apprentissage de la maturité exige aussi de nombreux échecs. Notre paix intérieure dépend de notre attitude face à ces inévitables chutes.

Une attitude consiste à les percevoir comme des événements malheureux et regrettables. Elle entraîne soit la culpabilité soit le déni. La voix de cette culpabilité affirme que si je ne me juge pas sévèrement, je ne pourrai jamais corriger mes erreurs. Sans culpabilité, dit-elle, je les répéterai éternellement et je deviendrai immoral et décadent.

Une autre voix propose une perspective différente, celle de la conscience qui tient compte de mes échecs avec beaucoup de compassion et d'efficacité. La culpabilité et la conscience sont les deux voix d'un maître intérieur qui essaie de me guider quand j'échoue. On peut confondre l'une avec l'autre et il est parfois difficile de les distinguer.

La différence vient de l'état d'esprit qui les inspire. Leurs caractéristiques sont très différentes. Émanant de la peur et de la confusion, la culpabilité attaque comme un parent agressif : "Espèce d'idiot ! Tu recommences une fois de plus !" Nous avons presque tous un parent intérieur qui nous parle sur ce ton.

Quand vous étiez enfant et que vos parents vous apostrophaient ainsi, vous n'aviez sans doute guère envie de leur faire plaisir. Peut-être même aviez-vous envie de répéter les comportements incriminés dans un esprit de revanche et par refus de satisfaire une demande aussi méchamment formulée. La même réaction se produit quand votre parent intérieur se montre aussi dur. Bien que la culpabilité vous souffle que l'auto-condamnation est nécessaire pour vous empêcher de retomber dans le "péché", la vérité est à l'opposé. Vous serez beaucoup plus apte à renoncer à une mauvaise habitude en étant capable de compassion vis-à-vis de vous-même.

Un guide d'une tout autre nature est disponible, plus généreux et plus efficace. La conscience considère vos défaillances comme autant d'invitations à vous examiner avec bienveillance. En remplaçant la culpabilité par la conscience, vous pouvez porter sur vos erreurs un regard objectif à la fois sans blâme et sans complaisance. La conscience montre l'erreur du doigt avec amour et respect et vous encourage à essayer une autre façon de faire la fois suivante. Elle peut vous laisser un regret, peut-être une tristesse passagère d'avoir peiné quelqu'un, mais ces sentiments s'accompagnent souvent de gratitude car vous avez appris quelque chose de valable.

La conscience n'a rien à voir avec l'obéissance aux usages éphémères de la société. Il s'agit de la reconnaissance d'un bien-fondé moral, émanant d'un sens inné, au plus profond de votre être, de la beauté et de la vérité. En dernier ressort, la conscience est amour parce qu'elle est enracinée dans la vérité ; et parce qu'elle est aimante, elle réussit à corriger là où la culpabilité a échoué.

Soyez pour vous-même un parent aimant

Être père m'a permis de découvrir la possibilité d'être aimant tout en soulignant une erreur. Quand le comportement de mon jeune fils méritait d'être corrigé, j'ai pu voir qu'il résultait de sa confusion, d'une souffrance ou d'un besoin de guidance. Le même comportement inspiré par la peur chez un adulte aurait pu me pousser à me fermer le cœur, mais avec mon fils, il m'était plus facile d'imposer des limites fermes et claires pour l'empêcher de détruire ou de blesser quelque chose, lui-même ou quelqu'un d'autre. C'est en fixant ces limites que j'ai trouvé en moi la capacité de refuser son comportement tout en acceptant la personne qu'il était. Il pouvait encore sentir mon amour pour lui.

En moi aussi vit un petit garçon effrayé et désemparé qui boude, attaque ou se conduit mal. Quand j'adopte un comportement qui déplaît à Martha, c'est en général le petit garçon blessé en moi qui s'exprime et qui, lui aussi, a besoin d'un parent aimant. Ma façon de me comporter quand je suis un bon père ou un bon ami me sert de modèle pour réagir à mes propres erreurs. J'apprends ainsi à m'ouvrir à moi-même avec compassion quand je suis de mauvaise compagnie, quand je me laisse aller à trop de complaisance à mon égard, quand "j'échoue" dans tel ou tel domaine, quand je ferme mon cœur – bref, quand je témoigne des mille imperfections qui font partie de l'apprentissage d'une pleine humanité.

Dans tous les cas où je m'accorde plus de compassion, j'éprouve naturellement le désir de rendre chaque aspect de ma vie plus harmonieux. Je remarque mes erreurs et j'y remédie spontanément, sans mépris pour leur auteur et je constate que j'ai alors nettement plus tendance à ne pas les répéter. Et il est probable que les enfants corrigés avec amour désirent davantage satisfaire leurs parents.

Fuyez l'auto-condamnation

Développer ce sens d'amour et de respect de soi exige de dépasser un conditionnement profondément ancré. Il ne s'agit pas d'un processus simpliste qu'on maîtrise à partir de quelques exercices rudimentaires de respect de soi. Une concentration et une attention quotidiennes sont nécessaires.

Chaque jour vous propose maintes occasions de vous armer contre vous-même. Le réflexe est rapide : une autocritique intransigeante émerge et envahit votre esprit avant que vous ayez le temps de vous en apercevoir. Tous vos efforts pour la fuir semblent vous piéger davantage. L'instant même où vous prenez conscience de vous être jugé est une chance à saisir. Il est relativement facile de s'aimer quand tout va bien mais c'est lorsque vous faites une chose que vous désapprouvez que vous avez l'occasion de modifier le cycle d'une négativité qui se nourrit d'elle-même.

Quand vous êtes sur le point de succomber à votre habitude de l'auto-condamnation, choisissez plutôt de vous dire : "Parce que j'ai blessé mon partenaire ou trop mangé, parce que je me suis montré sans cœur ou un mauvais parent, je tiens une occasion de changer. Je pourrais, comme d'habitude, tomber dans l'auto-condamnation mais par expérience, j'en connais le douloureux résultat et à quel point cette réaction est inefficace et inutile. Je choisis donc de ne pas opter pour elle."

Chaque fois que vous avez l'occasion de vous rabaisser, vous avez au même moment le choix de ne pas le faire et d'affirmer, au contraire, votre aptitude à faire face à toutes les situations avec amour et respect pour vous-même. Chaque fois que vous refusez d'être dur avec vous-même, vous approfondissez votre lien avec la source d'innocence au centre de votre être.

Que se passe-t-il quand vous constatez que vous avez oublié et que vous avez réagi selon votre vieux schéma réprobateur ? Il faut beaucoup de temps pour que se défassent les comportements bien enracinés et il vous restera toujours des occasions de vous juger. Quand vous constatez que vous êtes effectivement retombé dans votre fonctionnement habituel, c'est que vous venez de réagir automatiquement. Seule votre conscience pourra transformer ce processus. La vigilance et la persévérance vous sont indispensables pour continuer à remarquer chaque situation où vous vous blâmez et pour vous dégager de ce climat de reproche.

Le piège est de se sentir coupable d'éprouver une culpabilité. Faites plutôt éclater ce cercle vicieux en vous abstenant de vous juger davantage sous prétexte que vous avez eu une défaillance, car personne ne vous demande d'être parfait. Quand il vous arrive de manquer de cœur, il n'existe pas de meilleure expression de respect de vous-même que de percevoir vos propres erreurs avec indulgence et de vous accepter tel que vous êtes. La vie nous offre un cadeau que nous n'apprécions peut-être pas assez : celui de pouvoir faire autant d'erreurs que nécessaire pour apprendre. Dans le système de valeur dominé par la culpabilité, les erreurs sont considérées comme des raisons de se haïr soi-même. Mais l'amour accepte avec chaleur nos apparentes imperfections et se réjouit des occasions de mûrir qu'elles procurent.

Ceux qui ont réellement accepté leurs défaillances n'ont aucune raison de juger les autres. Chaque fois que vous vous pardonnez de ne pas avoir été à la hauteur des standards que vous vous êtes créés, vous pardonnez aussi à tout être qui témoigne des mêmes défaillances. Plus de bienveillance à votre égard vous permet d'en manifester davantage face aux imperfections de votre partenaire. Il vous sera alors d'autant plus facile de vous abstenir de juger et d'ouvrir davantage votre cœur à celui ou celle que vous aimez.

12

Ouvrir son cœur : le plus grand défi

Est-il *nécessaire de juger*?

Le jugement que chaque partenaire porte sur son conjoint est un élément fondamental des relations malheureuses. Aucune ne peut s'épanouir dans ce climat de dureté réciproque.

La vie nous oblige à procéder à de nombreuses évaluations: mieux vaudrait être là plutôt qu'ici; ce produit ne vaut rien pour ma santé; cette voiture est trop chère pour mon porte-monnaie – nous appelons cela le discernement, une qualité indispensable pour évoluer dans notre société.

Le jugement est d'une autre nature car il exige que nous fermions notre cœur. Dès la naissance, nous sommes exposés à être jugés par nous-mêmes et par les autres sur tous les aspects de notre vie. Nous sentant donc à l'aise, en terrain familier pour juger autrui, nous sommes même souvent tentés de le faire uniquement pour le plaisir.

Nous dépensons beaucoup d'énergie à juger, particulièrement en réaction à un comportement inspiré par la peur. Chez les autres, nous jugeons leur colère, leur égoïsme, leur insensibilité, leur inconstance, leur cupidité – toutes choses que nous jugeons aussi en nous.

Se fermer le cœur consiste aussi à ne pas voir la beauté unique de l'autre. Un cœur ouvert est naturellement disposé à apprécier les autres, même en étant conscient de leurs défauts. La disparition de l'appréciation est un des premiers signes de verrouillage émotionnel. Elle refroidit l'amour et la circulation de l'énergie entre vous, même quand vous n'êtes pas conscient de juger votre partenaire.

Est-ce "mal" de juger ? Quel autre regard porter sur l'inhumanité, sur la violence ? À un niveau plus immédiat, quel regard porter sur les comportements insensibles de notre partenaire ? Dois-je me fermer le cœur quand il ne respecte pas ses engagements, n'est pas attentif à mes besoins, se met injustement en colère contre moi ou me traite avec indifférence ? Autrement dit, comment doit-on réagir face à un comportement inspiré par la peur ?

Ma propre peur est habile et convaincante : elle affirme que j'ai besoin de juger pour évoluer dans le monde. Si j'ai un problème avec mon partenaire, il est dû à son comportement. Pour être en sécurité, je dois lui fermer mon cœur.

Ma sagesse intérieure a un autre point de vue. Si j'étais vraiment et sincèrement ouvert à mon partenaire, existerait-il un problème ? Le seul "problème", suggère-t-elle, pourrait être que je me sois fermé à lui. La solution s'impose d'elle-même.

De plus, les réactions dictées par le verrouillage du cœur perpétuent la peur et engendrent un surcroît de douleur et de discorde. Dans la conscience humaine, la souffrance a un urgent besoin d'être adoucie. Juger ne guérit rien et entretient seulement ce contre quoi le jugement s'exerce. Nous devons réagir aux comportements inspirés par la peur en faisant abstraction de la nôtre ; mais nous devons éviter d'ériger l'absence de jugement en idéal.

Idéal et objectif

Les idéaux provoquent la dureté et le blâme. Si je m'en tiens à mon idéal, c'est à son aune que je mesure un comportement. Dans la majeure partie des cas, je le trouve insuffisant et je blâme le coupable de ne pas être à la hauteur. Si mon idéal est l'absence de jugement, je vais juger toute personne dont j'estime qu'elle juge trop. Ce moyen brutal étant justifié par mon noble but, mon ego est inconscient de sa fausse prétention à la spiritualité. Une fois encore, la peur parade sous le masque de l'amour.

L'ego adore se mouvoir dans les domaines de la spiritualité et en usurper toutes les valeurs à ses propres fins. Cela donne naissance à toutes sortes de recherches spirituelles permettant d'attaquer les autres et de les blâmer de ne pas suivre notre chemin particulier ou de ne pas s'élever à la hauteur de notre idéal quasi religieux.

Il existe une différence entre un idéal et un objectif. L'ouverture du cœur comme idéal conduit souvent à un verrouillage émotionnel – une flagrante contradiction. Un objectif fonctionne autrement. Quand je me rappelle mon idéal, j'ai tendance à me dénigrer ; quand je me rappelle mon objectif, j'ai la possibilité de m'y appliquer immédiatement.

Avoir pour objectif de vivre sans juger signifie que j'en ai perçu la beauté et que je désire profondément garder un cœur ouvert.

Quand je m'aperçois que je l'ai refermé, je ne le verrouille pas davantage en me blâmant. Je cherche plutôt en moi la peur qui l'a contracté et je me pardonne d'avoir eu peur.

Un idéal situe le changement dans l'avenir ; un objectif le situe dans l'immédiat. En ayant comme objectif un cœur ouvert, je pratique de mon mieux cette ouverture chaque fois que j'y pense, indépendamment des circonstances.

L'origine du jugement

Pourquoi les défauts de certaines personnes nous agacent-ils alors que nous les négligeons chez d'autres ? Ceux auxquels nous réagissons, sous quelque forme que ce soit, nous rappellent quelque chose en nous que nous n'avons pas pardonné. L'autre devient un miroir et l'image qu'il nous renvoie nous met mal à l'aise.

Si vous voulez savoir quelle est la tâche spirituelle que vous devez accomplir, réfléchissez à ces êtres que vous jugez le plus sévèrement et qui se trouvent repoussés à l'extrême limite de votre aptitude à aimer. Il peut s'agir d'individus ou de groupes : votre partenaire, vos parents, vos ex-amant(e)s, des amis, patrons, professeurs anciens ou actuels ; peut-être certaines personnalités politiques ou sportives, ou des auteurs. Parfois vous jugez des traits de caractère comme l'agressivité, la passivité ou la malhonnêteté. Parfois votre jugement s'étend à toute une catégorie de personnes : conservateurs d'extrême droite, belles âmes de gauche, jeunes cadres dynamiques, maris qui battent leurs femmes, parents qui maltraitent leurs enfants, hypocrites, victimes, soixante-huitards, énarques, militaires, machos, lâches, féministes, partisans de l'avortement, militants anti-avortement, médecins, avocats, politiciens, adeptes de la mauvaise religion, athées… La liste est interminable. Y reconnaissez-vous une de vos cibles ? Nous avons tous nos jugements favoris que nous défendons avec vigueur.

Mais c'est souvent notre partenaire que nous jugeons le plus. Notre reproche fondamental est sans doute qu'il ne nous aime pas comme le demande notre ego. Notre ego doute de son amour, primo parce qu'étant humain, notre partenaire ne peut nous accorder continuellement un amour parfaitement inconditionnel ; secundo, il n'exprime pas toujours son amour conformément à notre image d'un comportement aimant. Naturellement, notre partenaire nous juge de la même manière parce qu'il ne se sent pas aimé comme il voudrait l'être.

Une fois formulé ce jugement de base, nous nous retrouvons cherchant et trouvant toutes sortes de petits travers à juger. Bizarrement, ses habitudes et ses inévitables imperfections d'abord faciles à passer sous silence commencent à nous agacer. Parfois, notre partenaire semble tout faire de travers. Chez lui, les traits que nous pardonnerions à un ami deviennent impardonnables. L'arbre du jugement et ses myriades de branches occupent de plus en plus de place dans la relation, repoussant l'amour toujours plus loin à sa périphérie.

Je vis avec une femme forte et indépendante qui ne partage pas toujours mes opinions et ne veut pas toujours la même chose que moi. En défendant son point de vue, il lui arrive d'exposer ses défauts bien humains, ce qui m'a donné beaucoup d'occasions de me voir me fermer le cœur. Sur le moment, je me justifie parfois ; en d'autres cas, je souhaite réellement avoir réagi autrement. Mon désir d'ouverture ne suffit pas à m'obtenir automatiquement ce résultat. Quelque chose d'autre est nécessaire.

La motivation pour éliminer le jugement

C'est traditionnellement une autorité extérieure, un enseignement religieux par exemple, qui nous exhorte à ouvrir notre cœur. Pratiquement toutes les religions nous enjoignent d'aimer, d'être bienveillants, de pardonner. Des récompenses nous sont promises dans cette vie ou dans l'autre si nous y parvenons ou des punitions dans le cas contraire. Mais apparemment, ni récompense ni punition ni commandements ne semblent avoir beaucoup d'effet sur notre habitude enracinée de porter des jugements. Même les plus vigoureuses exhortations à la générosité ont peu d'impact. Notre cœur semble se fermer tout seul, sans que nous le voulions. Nos réflexes ne disparaissent pas sans changement intérieur substantiel.

Une motivation intérieure a plus de chances d'être efficace. Elle prend forme tout naturellement quand nous commençons à comprendre le niveau de souffrance provoqué, en nous-mêmes et en ceux qui nous entourent, par un cœur refermé sur lui-même.

Vivre avec une personne dont le cœur est fermé à double tour est suffisamment pénible ; mais l'abriter soi-même est un refus de l'amour qui pourrait bien ressembler à l'enfer. Je n'ai pas besoin de croire au concept religieux de l'enfer pour en faire l'expérience au cours de cette vie. L'enfer est l'univers dans lequel je vis quand je ferme mon cœur.

Dans cet univers du cœur verrouillé, je me fourvoie dans l'idée que mon bonheur dépend du montant de mon compte en banque, de mon mode de vie, de mon couple, d'une relation sexuelle satisfaisante, d'un corps séduisant et en bonne santé, d'une belle maison, de la considération des autres, etc. Mais quand je réfléchis honnêtement à ce que j'ai ressenti après avoir obtenu ce que j'avais tant désiré, je constate que l'état de satisfaction extatique espéré tourne toujours à la même lancinante insatisfaction.

Rien, dans le monde matériel, ne nous comble de façon durable*. Toutes les possessions, les expériences, les plaisirs et les succès dont j'avais tellement cru qu'ils soulageraient ma souffrance

---

* voir à ce propos *Découvrir les vraies richesses,* de Pierre Pradervand (éd. Jouvence, 1996) et *Du trop avoir au mieux-être,* de René Blind et Michael Pool (éd. Jouvence, 2001).

ne sont que des prix de consolation qui, à plus ou moins long terme, ne nous laissent que du vide. Tous mes efforts vers la sécurité, le plaisir ou le pouvoir m'ont conduit sur une route qui ne mène nulle part. J'ai finalement commencé à comprendre que le système de valeur sur lequel j'avais basé ma vie – inconsciemment dans une large mesure – est foncièrement erroné.

La motivation qui permet de parvenir à renoncer au jugement vient d'une profonde aversion pour cet enfer de l'absence de cœur. Cet enfer n'est pas seulement privé. Le malaise que je ressens quand ma relation amoureuse se transforme en hostilité ou en amertume est de même nature que celui que je ressens quand je lis ou entends les informations sur les douloureux et violents conflits de par le monde. Rien dans ma relation ne diffère de ce qui se produit dans le monde. "Ce qui se produit en haut se produit en bas". La structure de base de l'atome est la même que celle du système solaire. La substance de mon conflit relationnel est la même que celle de la guerre entre nations.

Le dégoût pour toute cette souffrance et tous ces conflits peut conduire à la recherche passionnée d'une meilleure voie. La ferveur aide ainsi que la persévérance qui ne renonce pas devant les obstacles. Quand je suis déterminé, je reçois toute l'aide dont j'ai besoin – enseignements, livres, expériences, intuitions.

Le retour du paradis arrive quand mon cœur s'ouvre à nouveau. Avec l'âge, il me devient de plus en plus évident que la seule chose que je veuille réellement, la seule qui m'apporte la paix est la présence de l'amour dans ma vie.

Quand je rencontre la peur et lui fais face avec amour, quand je pardonne en oubliant mon ego, j'éprouve une joie qui n'a aucun rapport avec les conditions extérieures ou les fluctuations superficielles de ma vie affective.

Nos cœurs n'ont pas été très largement ouverts. Dans l'ensemble, nos parents n'ont pas su nous apprendre à les ouvrir, pas plus que nos religions, nos écoles ou nos médias, pas plus que les sages anciens rarement croisés dans notre culture, pas plus que l'intimité, passé son stade romantique. Comment alors pouvons-nous apprendre avec notre partenaire à faire cette transformation subtile d'un cœur fermé à un cœur ouvert ?

Ouvrez votre cœur

Cette tâche conséquente exige un changement intérieur majeur. La transformation ne peut s'opérer grâce à quelques recettes ou exercices mécaniques faciles. Mais quelques conseils de base peuvent être utiles.

Appliquez-vous à vous pardonner

Votre attitude envers votre partenaire est un reflet de celle que vous adoptez vis-à-vis de vous-même. Vous projetez sous forme de jugements les reproches que vous vous adressez alors qu'en vous pardonnant, vous adouciriez vos réactions à l'autre. Si vous voulez donner à votre partenaire un amour plus généreux, rien n'est plus important que de vous libérer de vos sentiments d'insuffisance ou de non-valeur *(cf. chapitre 11)*.

Acceptez que votre cœur se ferme parfois

Paradoxalement, une des clés indispensables pour ouvrir son cœur est d'accepter que parfois, il se ferme. Quand il se contracte, la tentation de se condamner est forte. Mais lutter contre un trait indésirable ne sert qu'à le renforcer. De plus, se retourner contre soi-même quand le cœur se durcit pousse à détester les personnes qui ont déclenché sa réaction. On peut facilement se piéger dans un cycle de réprobation sans fin : on déteste ce qui provoque la fermeture du cœur puis on se blâme de l'avoir fait.

Que votre cœur se ferme à votre partenaire ne signifie pas que vous ne l'aimez plus, bien que vous ne soyez plus disponible pour certaines interactions. Mais quel fardeau que de devoir être disponible en permanence !

Vous ne pouvez ouvrir votre cœur par simple volition. Il a ses propres rythmes d'expansion et de contraction. Quand il s'ouvre, il semble alimenté par le courant d'une abondante rivière. En d'autres moments, il est dur et statique. Il faut alors une réelle discipline pour rester présent et aimant vis-à-vis de soi-même.

De ses actes les plus blessants aux plus subtils tels qu'un regard ou une intonation, votre partenaire fait et fera toujours mille choses qui vous inciteront à le juger. Familiarisez-vous avec ces déclics qui vous ferment le cœur et prenez-en acte. La souffrance provoquée par cette fermeture essaie de vous signaler une chose importante que vous n'avez pas encore saisie. Et rappelez-vous que vous ferez obstacle à la guérison en vous blâmant d'avoir jugé. En vous acceptant vous-même, ego y compris, vous prendrez plus facilement conscience de vos jugements. C'est un pas indispensable pour vous en défaire. Cette acceptation permet une détente intérieure suffisante pour décaler votre attention du jugement lui-même vers l'esprit qui juge. En examinant cet esprit, vous percevrez sa souffrance, sa peur et son désarroi.

Prenez du recul

Une fois que vous avez pris acte de vos jugements, l'étape suivante consiste à prendre du recul afin de ne pas vous identifier totalement à eux. S'identifier à un sentiment signifie en être prisonnier. Le sentiment ou l'attitude vous domine à tel point que vous ne pouvez ni l'observer ni en être conscient. Écoutez les personnes discutant de politique et remarquez leur identification avec la certitude d'avoir raison. Cesser de s'identifier exige de trouver un point d'observation extérieur au sentiment lui-même. Il est essentiel d'être conscient de l'éprouver sans pour autant le justifier ni le condamner.

Examinez-vous avec sincérité

La conscience de soi est une force considérable. Parce qu'elle atteint le noyau même de votre être, elle peut transformer plus profondément qu'aucune tentative de fidélité à tel ou tel idéal. Un regard honnête sur vous-même – sur celui qui juge – commencera à affaiblir le système de croyances sur lequel tous vos jugements ont reposé pendant des années.

Quand nous renversons notre verre pendant le dîner, il nous est difficile de critiquer notre partenaire quand il fait la même chose quelques instants plus tard. La plupart du temps, nous lui reprochons des comportements qui sont aussi les nôtres, même s'ils adoptent une autre forme.

Il est parfois douloureusement révélateur de constater qu'on participe de ce que l'on juge chez les autres. Si vous jugez que votre partenaire est égocentrique, pouvez-vous honnêtement affirmer que vous ne l'êtes pas vous-même ? Si vous le jugez parce qu'il ne vous écoute pas, êtes-vous sûr d'être toujours attentif ? Si vous le jugez insensible, examinez bien votre propre sensibilité à son égard. Peut-être le jugez-vous parce qu'il ne tient pas assez compte de vos besoins ? Tenez-vous toujours compte des siens ? Si vous jugez qu'il éprouve des sentiments peu reluisants, dans vos tréfonds, n'en éprouvez-vous que de très nobles ? Vous jugez les autres parce qu'ils se ferment le cœur ? Ne voyez-vous pas l'ironie de refuser votre amour à quelqu'un sous prétexte qu'il s'est fermé le cœur ? En jugeant les autres parce qu'ils se réduisent aux dimensions de leur ego, vous vous réduisez aussi à ces mêmes dimensions.

Faites un rigoureux examen de conscience quand vous vous surprenez en train de juger. Soyez attentif à votre cœur, voyez si juger vous procure une bonne ou mauvaise sensation. Soyez attentif à des prétentions cachées à une supériorité morale qui pourrait sous-tendre votre jugement. Examinez ce que vous éprouvez vis-à-vis de vous-même. Peut-être prendrez-vous conscience d'un sentiment sous-jacent d'insuffisance. Au lieu d'essayer de changer le contenu de vos jugements, décalez votre attention vers ce pénible sentiment de médiocrité. Vous touchez là la racine même de votre besoin de juger.

Vous observant ainsi, il vous deviendra de plus en plus difficile avec le temps de recourir à votre intellect pour soutenir vos jugements. Avant cet examen de conscience, non seulement vous portiez des jugements, vous les justifiiez aussi. Mais une distinction salutaire s'est instaurée entre vos émotions et votre intellect. En cessant de croire au bien-fondé de vos jugements, vous brisez un cycle intérieur. Vous vous retrouvez dans la situation particulière d'abriter des sentiments alors que vous doutez maintenant sérieusement de leur fondement. Un processus d'érosion est en marche. La voix de la peur, défiée dans ses retranchements, n'est plus seule à opérer dans votre esprit. À travers la persistance de ce processus, vous constaterez sans doute que l'emprise de votre habitude de juger s'affaiblit peu à peu.

Les mauvais comportements comme appels à l'aide

Pensez un instant à un comportement de votre partenaire qui vous déplaît et voyez s'il pourrait être une expression de sa peur et de sa souffrance. Cette peur le rend agressif, ou replié sur lui-même, ou insincère, ou égocentrique, ou sexuellement insatisfaisant, ou inattentif. Quelle que soit sa façon de manifester sa peur, considérez-le comme un enfant blessé et effrayé qui en cet instant n'a besoin que de compassion. Naturellement, cette compassion ne vous interdit pas au besoin de faire respecter vos limites.

Faites un pas de plus. Imaginez que vous et votre partenaire collaborez à l'écriture d'un scénario qui va apporter à tous deux les enseignements nécessaires pour vous libérer d'un obstacle particulier dans l'expression de votre amour. En voyant chacun de ses actes insensibles comme un appel à l'aide plutôt que comme une menace et en y réagissant de façon adéquate, vous ajoutez une dose d'amour à votre vie. De plus, par votre réaction généreuse, vous avez aussi guéri quelque chose en vous.

Vous serez tenté de conserver dans votre esprit l'image négative de votre partenaire, de croire à celle que présente son ego. N'oubliez pas alors que votre sentiment dominant a tendance à faire ressortir sa propre qualité chez votre partenaire. Quand vous pensez à lui, essayez de percevoir, au-delà des manifestations superficielles de sa peur, son essence divine momentanément piégée dans la peur et la confusion et qui mérite donc votre compassion.

Peu importe si vous avez oublié cette perspective pendant quelques minutes, quelques mois ou années ou même quelques décennies. En cet instant, vous avez la possibilité de congédier le passé. Il a été aussi dur pour votre partenaire que pour vous. Autant que vous, il a connu la souffrance et la peur. Comme vous, il fait de son mieux. Chaque instant douloureux est une occasion de trouver pour tous deux assez de compassion pour toute la souffrance inhérente au processus de maturation.

L'esprit prisonnier de la peur ne cesse de suggérer que l'amour n'est pas une source de sécurité et qu'il justifie qu'on ferme son cœur. Mais pour Martha et moi, dans nos instants de lucidité, une vérité se détache par dessus tout : l'ego de notre partenaire ne nous met pas en danger. Notre propre ego est le seul danger. Il n'y a jamais de justification pour fermer son cœur à son partenaire.

Un des plus grands défis de ma vie et de ma relation avec Martha est de garder cette idée présente à l'esprit et de la mettre effectivement en pratique. Si Martha m'attaque, ma principale préoccupation est d'éviter de succomber à la tentation de me renfermer ou d'attaquer et de voir qu'en fait, elle a peur et elle souffre et que la seule réponse appropriée est la compassion.

Si vous avez essayé, vous savez que rien n'est plus difficile. Apprendre à ouvrir mon cœur quand il est sur le point de se fermer a été la leçon la plus ardue de ma vie. Bien que ces idées et pratiques nous aient aidés à arrondir les angles, nous avons connu des périodes tellement pénibles, tellement chargées d'hostilité que nous ne trouvions pas en nous les ressources pour y faire face. Quand tout devient à ce point sombre et confus, aucun des moyens et techniques habituels ne semble suffisant.

Demandez de l'aide

Dans de tels moments, une ressource est disponible qui opère à un niveau totalement différent de celui de l'esprit limité de l'ego. Les Amérindiens l'appellent le Grand Esprit, les Chrétiens l'appellent l'Esprit Saint. Cette sagesse intérieure profonde qui vit en chacun de nous, connaissant la vérité de chaque situation, ne peut être appréciée que par expérience personnelle.

Au niveau physiologique, la sagesse intérieure fonctionne efficacement en deçà de la conscience, apportant avec une impressionnante précision les trillions de réponses biochimiques nécessaires pour digérer nos aliments, nourrir nos cellules, actionner nos muscles et guérir nos blessures. Au niveau mental, la même sagesse est disponible pour nous guider, nous réconforter, nous inspirer et nous aider à évoluer vers plus d'harmonie et de paix.

Quand un couple se trouve dans une impasse ou une grave discorde, aucune solution ne semble accessible. Chacun campe férocement sur sa certitude d'avoir raison et aucun ne veut lâcher prise en dépit de l'évidente souffrance engendrée par la situation. Quand Martha et moi nous engluons dans un tel piège, y échapper semble au-delà de nos capacités.

C'est alors que nous faisons appel à cette sagesse intérieure et demandons son aide. Et nous constatons que lorsque nous la demandons, nous la recevons invariablement.

La seule difficulté est d'atteindre le point où nous sommes prêts à demander. L'ampleur du défi ne doit pas être sous-estimée. Quand je suis tellement piégé avec Martha dans un contexte de colère et de blâme, mon ego n'est absolument pas concerné par l'amour, la paix, la découverte d'une solution. L'ego préfère catégoriquement avoir raison, quitte à rester malheureux comme les pierres et demander de l'aide est la dernière chose qu'il ait envie de faire.

Si la totalité de mon être était prisonnière de cet état d'esprit, il n'y aurait en effet aucun espoir. Mais un espace profondément enfoui, hors d'atteinte de mon ego conserve assez de perspicacité pour pressentir que sa perception de la situation est erronée. Un petit fragment de ma conscience est prêt à accepter d'échapper à l'emprise de mon ego, à faire un pas hors de la funeste prison de l'attaque et de la défense. Au fond de moi couve un certain désir de voir la situation sous un autre éclairage.

Quand je m'accroche de toutes mes forces à la source de ma souffrance, le plus difficile est de localiser ce un pour cent prêt à lâcher prise. Il faut parfois un suprême effort pour trouver ce un pour-cent qui consent. Les quatre-vingt dix-neuf pour cent restants sont très éloquents, pugnaces, dominateurs et convaincus qu'aucune solution n'est possible. Cela dit, il ne s'agit pas d'un combat entre les deux. Rien ne peut jamais être accompli en luttant contre l'ego. Le seul combat valable consiste à localiser le désir d'abandonner le champ de bataille. L'acte intérieur par lequel vous trouvez ce consentement peut difficilement être décrit par les mots mais en faire l'apprentissage vaut la peine car en lui se trouve la libération de la souffrance dans la relation.

Quand l'un de vous a pu localiser ce mince désir d'échapper à l'ego, il peut proposer à son partenaire de se joindre à lui pour demander de l'aide. Faites une pause pour entrer en contact avec cette partie de vous-même prête à recevoir un secours. Celui qui a suggéré cette démarche peut trouver ses propres mots pour prier cette sagesse supérieure de les aider tous deux à sortir des perspectives à courte vue et à porter un regard différent sur leur situation.

Asseyez-vous ensemble en silence. Détachez-vous un instant de toute votre histoire personnelle, de celle de la minute précédente comme de celle d'il y a vingt ans. Ressentez ensemble ce moment où la pensée et le conflit ont cessé, où l'esprit est vacant et réceptif à ce qui est au-delà de tout bavardage, comme si cet instant en dehors du temps était le seul qui ait jamais existé. Peu importe si votre caverne est restée sombre pendant dix mille ans ; il suffit que vous craquiez une allumette pour y apporter de la lumière et la durée antérieure de son obscurité n'a plus aucune pertinence.

Cette "prière" silencieuse peut opérer un changement miraculeux. L'imbroglio complexe et sans fin du blâme et de l'absence d'espoir peut être transformé en une seconde, l'obscurité balayée et remplacée par une bénédiction. Quelle que soit l'intensité de la douleur et de la confusion que vous ayez créées ensemble, elles peuvent s'évaporer en un seul instant d'amour.

Ce geste spirituel fondamental est toujours source d'une grande beauté. À travers lui, vous redécouvrez sans cesse que toute guérison s'opère dans le présent, avec une facilité sans aucun rapport avec la profondeur apparente de la souffrance.

J'ai un jour entendu interviewer un drogué qui avait réussi à se libérer de son accoutumance à l'héroïne. Très impressionné, le journaliste lui demanda : "Vous avez dû avoir besoin d'un courage héroïque. Combien de temps vous a-t-il fallu ?" La réponse fusa : "Oh ! Environ une seconde."

En maintes occasions, Martha et moi avons invité cette sagesse intérieure quand nous nous sentions incapables de nous libérer des toxines que nous avions nous-mêmes élaborées. Nous avons toujours bénéficié de la grâce d'une guérison, si désespérée que la situation nous ait paru quelques instants plus tôt Le seul désir de recevoir nous connecte avec quelque chose qui dépasse les bornes de notre esprit et crée un environnement grâce auquel ce quelque chose peut pénétrer notre conscience. La guérison se présente de maintes façons. Après que Martha et moi avons demandé cette aide, il nous arrive souvent de lever les yeux et de découvrir un sourire sur le visage de l'autre. Les nuages se sont simplement écartés. Parfois, l'un de nous bénéficie ou nous bénéficions tous deux d'une intuition qui nous permet de porter un regard neuf sur la situation, souvent sans qu'un seul mot soit prononcé. La vérité se manifeste sous de nombreuses formes, mais elle se manifeste toujours.

En *résumé*

Pour déverrouiller votre cœur, concentrez-vous d'abord sur vous-même : libérez-vous de vos sentiments de non-valeur, acceptez que votre cœur se ferme parfois, prenez du recul par rapport à vos jugements et observez-vous objectivement et honnêtement. Projetez ensuite la même lumière sur celui que vous jugez dans le désir de le percevoir avec plus de compassion. Enfin, dirigez votre attention vers une énergie au-delà des étroites limites de l'esprit et invitez-la à vous gratifier d'une guérison. Ce processus n'est pas linéaire. Son travail s'accomplit simultanément dans tous les domaines.

Ne croyez pas qu'il mettra immédiatement fin à tout jugement. La fermeture du cœur est une habitude tenace de notre esprit et notre ego s'accroche à ses vieux modes de fonctionnement. Vous connaîtrez beaucoup de rechutes. Néanmoins, un changement prend place, peut-être à peine sensible mais quelque chose a évolué. Sous la surface va persister une vigilance nouvelle qui repère rapidement les vieilles habitudes intérieures dès qu'elles se manifestent et les dissout dans son rayon de lumière. Les anciens schémas d'attaque et de défense ont de plus en plus de mal à prendre pied. Les moindres contractions du corps, pensées négatives ou fermeture du cœur déclenchent un signal d'alarme, une invitation immédiate à examiner l'attitude derrière la contraction.

Un miracle s'effectue quand deux personnes consacrent leur relation à la belle tâche d'ouvrir leur cœur. Un processus extraordinaire commence qui va très au-delà de ce que peut accomplir une personne seule. Quand vous serez tous deux engagés sur cette voie, l'univers vous gratifiera de ressources créatrices pour vous permettre de percevoir les choses autrement, de vous débarrasser de vos vieilles habitudes, de réinterpréter dans un climat neuf ce qui se passe entre vous. Vous serez mis à l'épreuve, confrontés à des difficultés, vous rencontrerez des obstacles de haut vol. Mais vous recevrez aussi beaucoup de signes encourageants pour vous rappeler que vous avancez sur un chemin en harmonie avec un plus grand bonheur pour tous.

Les *auteurs*

Don Rosenthal s'est produit avec divers orchestres symphoniques avant de mettre fin à sa carrière musicale et de s'établir en Alaska. Alors qu'il habitait un chalet en pleine nature sauvage, il rencontra et épousa Martha, il y a 27 ans. Après avoir vécu ensemble de façon très rustique, ils s'installèrent en Californie où Don devint conseiller psychologique. Don et Martha habitent maintenant le Vermont où Don a ouvert un cabinet thérapeutique. Ensemble, ils organisent des stages de renommée internationale sur les difficultés dans les relations intimes.

Martha Rosenthal a enseigné dans plusieurs écoles primaires avant d'abandonner sa profession pour vivre seule en Alaska. Elle entreprit alors d'étudier les thérapies corporelles avant d'ouvrir son cabinet. Après leur installation dans le Vermont, elle développa sa pratique pour y inclure le conseil psychologique. Elle organise aussi des stages pour femmes et participe aux stages pour couples de Don.

Achevé d'imprimer sur rotative
par l'Imprimerie Darantiere à Dijon-Quetigny
en avril 2003

Dépôt légal : avril 2003
N° d'impression : 23-0395

Imprimé en France